"十三五"国家重点图书出版规划项目
交通运输科技丛书·公路基础设施建设与养护

泰州大桥钢桥面铺装性能长期观测及预防性养护技术

吉　林　张志祥　蒋　波
潘友强　张　辉　李　娣　编著

人民交通出版社股份有限公司
北京

内容提要

本书依托"刚柔复合型钢桥面铺装性能衰变规律及预防性养护技术研究"课题成果编写而成，主要内容包括泰州大桥桥面系使用条件分析、泰州大桥钢桥面铺装性能长期观测、刚柔复合型铺装破坏机理及衰变规律分析、刚柔复合型铺装预防性养护技术、刚柔复合型铺装小修保养技术等。

本书可供从事道路和桥梁工程养护的科研人员参考使用。

图书在版编目(CIP)数据

泰州大桥钢桥面铺装性能长期观测及预防性养护技术/吉林等编著. — 北京：人民交通出版社股份有限公司，2021.9

ISBN 978-7-114-17561-9

Ⅰ.①泰⋯ Ⅱ.①吉⋯ Ⅲ.①桥面板—桥面铺装—公路养护—泰州 Ⅳ.①U443.33

中国版本图书馆 CIP 数据核字(2021)第 161012 号

"十三五"国家重点图书出版规划项目
交通运输科技丛书·公路基础设施建设与养护
Taizhou Daqiao Gangqiaomian Puzhuang Xingneng Changqi Guance ji Yufangxing Yanghu Jishu

书　　名：	泰州大桥钢桥面铺装性能长期观测及预防性养护技术
著 作 者：	吉　林　张志祥　蒋　波　潘友强　张　辉　李　娣
责任编辑：	牛家鸣　刘　彤
责任校对：	孙国靖　龙　雪
责任印制：	张　凯
出版发行：	人民交通出版社股份有限公司
地　　址：	(100011)北京市朝阳区安定门外外馆斜街3号
网　　址：	http://www.ccpcl.com.cn
销售电话：	(010)59757973
总 经 销：	人民交通出版社股份有限公司发行部
经　　销：	各地新华书店
印　　刷：	北京市密东印刷有限公司
开　　本：	787×1092　1/16
印　　张：	6.5
字　　数：	145 千
版　　次：	2021年9月　第1版
印　　次：	2021年9月　第1次印刷
书　　号：	ISBN 978-7-114-17561-9
定　　价：	70.00 元

(有印刷、装订质量问题的图书由本公司负责调换)

交通运输科技丛书编审委员会

(委员排名不分先后)

顾　问：王志清　汪　洋　姜明宝　李天碧

主　任：庞　松

副主任：洪晓枫　林　强

委　员：石宝林　张劲泉　赵之忠　关昌余　张华庆

　　　　郑健龙　沙爱民　唐伯明　孙玉清　费维军

　　　　王　炜　孙立军　蒋树屏　韩　敏　张喜刚

　　　　吴　澎　刘怀汉　汪双杰　廖朝华　金　凌

　　　　李爱民　曹　迪　田俊峰　苏权科　严云福

总　　序

科技是国家强盛之基，创新是民族进步之魂。中华民族正处在全面建成小康社会的决胜阶段，比以往任何时候都更加需要强大的科技创新力量。党的十八大以来，以习近平同志为核心的党中央做出了实施创新驱动发展战略的重大部署。党的十八届五中全会提出必须牢固树立并切实贯彻创新、协调、绿色、开放、共享的发展理念，进一步发挥科技创新在全面创新中的引领作用。在最近召开的全国科技创新大会上，习近平总书记指出要在我国发展新的历史起点上，把科技创新摆在更加重要的位置，吹响了建设世界科技强国的号角。大会强调，实现"两个一百年"奋斗目标，实现中华民族伟大复兴的中国梦，必须坚持走中国特色自主创新道路，面向世界科技前沿、面向经济主战场、面向国家重大需求。这是党中央综合分析国内外大势、立足我国发展全局提出的重大战略目标和战略部署，为加快推进我国科技创新指明了战略方向。

科技创新为我国交通运输事业发展提供了不竭的动力。交通运输部党组坚决贯彻落实中央战略部署，将科技创新摆在交通运输现代化建设全局的突出位置，坚持面向需求、面向世界、面向未来，把智慧交通建设作为主战场，深入实施创新驱动发展战略，以科技创新引领交通运输的全面创新。通过全行业广大科研工作者长期不懈的努力，交通运输科技创新取得了重大进展与突出成效，在黄金水道能力提升、跨海集群工程建设、沥青路面新材料、智能化水面溢油处置、饱和潜水成套技术等方面取得了一系列具有国际领先水平的重大成果，培养了一批高素质的科技创新人才，支撑了行业持续快速发展。同时，通过科技示范工程、科技成果推广计划、专项行动计划、科技成果推广目录等，推广应用了千余项科研成果，有力促进了科研向现实生产力转化。组织出版"交通运输建设科技丛书"，是推进科技成果公开、加强科技成果推广应用的一项重要举措。"十二五"期间，该丛书共出版72册，全部列入"十二五"国家重点图书出版规划项目，其中12册获得国家出版基金支持，6册获中华优秀出版物奖图书提名奖，行业影响力和社会知名度不断扩大，逐渐成为交通运输高端学术交流和科技成果公开的重要平台。

"十三五"时期，交通运输改革发展任务更加艰巨繁重，政策制定、基础设施建设、运输管理等领域更加迫切需要科技创新提供有力支撑。为适应形势变化的需要，在以往工作的基础上，我们将组织出版"交通运输科技丛书"，其覆盖内容由建设技术扩展到交通运输科学技术各领域,汇集交通运输行业高水平的学术专著,及时集中展示交通运输重大科技成果,将对提升交通运输决策管理水平、促进高层次学术交流、技术传播和专业人才培养发挥积极作用。

当前,全党全国各族人民正在为全面建成小康社会、实现中华民族伟大复兴的中国梦而团结奋斗。交通运输肩负着经济社会发展先行官的政治使命和重大任务,并力争在第二个百年目标实现之前建成世界交通强国,我们迫切需要以科技创新推动转型升级。创新的事业呼唤创新的人才。希望广大科技工作者牢牢抓住科技创新的重要历史机遇,紧密结合交通运输发展的中心任务,锐意进取、锐意创新,以科技创新的丰硕成果为建设综合交通、智慧交通、绿色交通、平安交通贡献新的更大的力量!

2016 年 6 月 24 日

前言

随着经济的快速发展，我国交通基础设施建设技术水平明显提高，建造了江阴大桥、泰州大桥、港珠澳大桥等一大批举世瞩目的超千米级特大型桥梁工程，实现了基础性、前瞻性和共性关键技术突破，跻身世界桥梁建设的领先地位。世界上主跨径前10位的斜拉桥、悬索桥和世界最高的10座大桥中，半数以上来自中国。未来我国还将有一大批特大型桥梁涌现，桥梁跨径越来越大，桥梁构件将更高、更长、更柔，结构受力行为也将更为复杂。

钢桥面铺装作为桥梁建设的重点和难点工程，一直是一项世界性难题。桥面铺装的质量直接影响行车的安全性和舒适性、桥梁耐久性及投资效益和社会效益，是钢桥建设的关键工程之一。近年来，我国钢桥面铺装技术以引进、消化、吸收国外先进铺装技术为主，形成了以浇注式沥青混凝土、环氧沥青混凝土以及高韧树脂等典型技术为主的铺装方案，总体上解决了铺装早期病害问题，取得了长足进步。

泰州大桥是世界首座三塔两跨钢箱梁悬索桥，主跨$2 \times 1080m$，桥面宽33m，位于泰州市和扬中市之间，是江苏省"五纵九横五联"高速公路网的重要组成部分，全线采用双向六车道高速公路标准，设计速度100km/h。

大桥建设之初，泰州大桥钢桥面铺装就被列入国家科技支撑计划"多塔连跨悬索结构及工程示范"项目专题研究。课题提出了"下层浇注＋上层环氧"刚柔相济的铺装方案，建立了大柔度重载桥梁钢桥面铺装变形协同与承载刚度协调设计指标；提出了钢桥面铺装病害后扩展的力学计算方法，揭示了刚柔复合型铺装"先裂后辙、不裂不辙"的辙裂联动演变规律；开发了刚柔复合型铺装服役状态多维感知及预警、温度与变形控制、提升结构刚度的耐久性服役成套关键技术，实现大柔度重载桥梁钢桥面铺装耐久性多重提升。

目前泰州大桥刚柔复合型铺装运营8年，正处于预防性养护的关键时期。本书在多年实践经验的基础上，结合刚柔复合型铺装结构特点，总结了铺装破坏机理及性能衰变规律，详细阐述了适宜泰州大桥刚柔复合型钢桥面铺装不同层位养护需求的预防性养护及小修保养的技术、材料和实施工艺，从而指导刚柔复合型钢桥面铺装的科学管养,为刚柔复合型钢桥面铺装的推广应用提供经验。

限于作者水平,如有错误和不当之处,恳请读者提出宝贵意见,以便及时修改完善。

作 者
2020 年 8 月

目 录

1 绪论 ··· 01
2 泰州大桥桥面系使用条件分析 ··· 04
  2.1 环境气候条件分析 ·· 04
  2.2 桥面系车辆荷载监测与分析 ·· 05
  2.3 桥面系温度场监测与分析 ··· 08
  2.4 小结 ·· 13
3 泰州大桥钢桥面铺装性能长期观测 ··· 14
  3.1 多维度检测方法 ··· 14
  3.2 铺装平整度、车辙分析 ·· 16
  3.3 铺装典型病害类型 ·· 17
  3.4 病害发展与分布规律分析 ··· 18
  3.5 铺装使用性能分级评价指标 ·· 21
  3.6 小结 ·· 27
4 刚柔复合型铺装破坏机理及衰变规律分析 ··································· 28
  4.1 刚柔复合型铺装破坏规律力学模拟分析 ·································· 28
  4.2 基于破损状况下的刚柔复合型铺装受力特性分析 ······················ 36
  4.3 刚柔复合型铺装破坏机理试验验证 ·· 47
  4.4 小结 ·· 52
5 刚柔复合型铺装预防性养护技术 ·· 54
  5.1 环氧层抗裂刚度提升技术 ··· 54
  5.2 铺装层间黏结刚度恢复和提升技术 ·· 58
  5.3 浇注层高温变形控制策略和技术 ··· 64
  5.4 小结 ·· 67
6 刚柔复合型铺装小修保养技术 ··· 69
  6.1 裂缝快速修复关键技术 ·· 69
  6.2 浇注小球预制重熔坑槽快速修补技术 ····································· 77
  6.3 小结 ·· 91
参考文献 ·· 92

1 绪 论

泰州大桥为世界首座三塔两跨钢箱梁悬索桥,主桥全长2160m(2×1080m)(图1-1),是江苏省"五纵九横五联"高速公路网的重要组成部分。大桥钢箱梁采用正交异性钢桥面板,顶板厚度为14mm,局部厚16mm,U形加劲肋厚6mm,局部厚8mm。顶板肋口宽300mm,两肋中心间距为600mm,底板肋口宽400mm,两肋中心间距为850mm,横隔板间距为3.2m。大桥设计为双向六车道,设计行车速度100km/h。主桥桥面设计纵坡为2.5%,双向横坡为2%。泰州大桥总体布置如图1-1所示,泰州大桥钢箱梁标准横断面如图1-2所示。

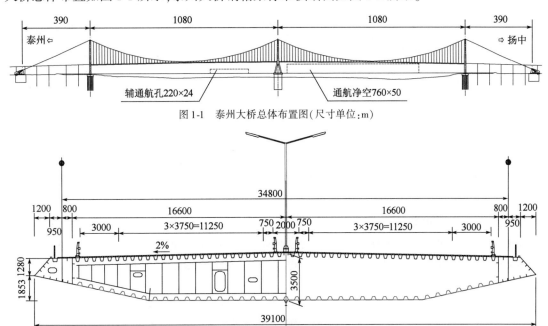

图1-1 泰州大桥总体布置图(尺寸单位:m)

图1-2 泰州大桥钢箱梁标准横断面图(尺寸单位:mm)

桥面铺装的质量直接影响行车的安全性和舒适性、桥梁耐久性及投资效益和社会效益,是钢桥建设的关键工程之一,一直是学术界与工程界研究的重点与热点。近年来,我国钢桥面铺装技术以引进、消化、吸收国外先进铺装技术为主,形成了以浇注式、环氧沥青以及高韧树脂等典型技术为主的铺装方案。

(1)以德国和日本为代表的高温拌和浇注式沥青混凝土,以及以英国为代表的沥青玛碲脂混凝土(Mastic Asphalt)。这类沥青混凝土的主要优点是空隙率接近零,具有优良的防水、抗老化性能,无需防水层,抗裂性能强,对钢板的追从性、与钢板间的黏结性能好于一般沥青混凝土;主要缺点是高温稳定性差,易形成车辙,施工需要专门的器械。

(2)以美国、中国和日本为代表的环氧沥青混凝土。其主要优点是强度高,高温时抗塑性流动和永久变形的能力很强,低温时抗裂性能较好,具有极好的抗疲劳性能,以及较强的抵抗化学物质(包括溶剂、燃料和油)侵蚀的能力;主要缺点是环氧沥青混凝土施工中对时间和温度要求严格,材料费用相对较高。

(3)近些年来国内自主研发的高韧冷拌树脂混凝土。其性能与日本高温拌和型环氧沥青混凝土相当,主要优势在于常温拌和、常温施工,大大提高了施工便捷性,并大幅缩短了养生固化时间,基本3~5d即可开放交通。

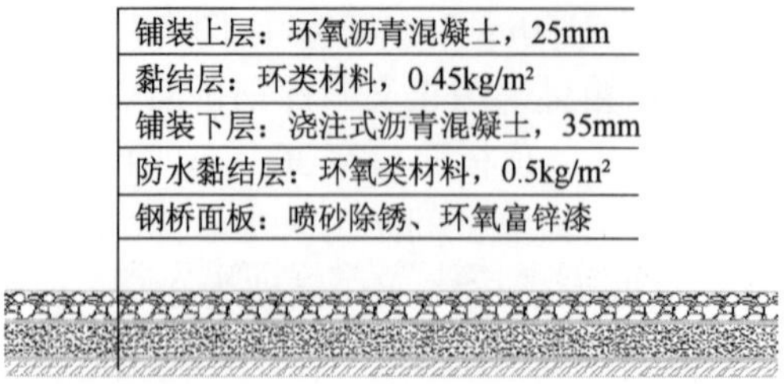

泰州大桥在钢桥面铺装设计、施工和运营阶段做了大量的工作:提出并成功实施的"下层浇注+上层环氧"刚柔复合型铺装方案是国内首创(图1-3);建立了大柔度重载桥梁钢桥面铺装变形协同与承载刚度协调设计指标;提出了钢桥面铺装病害后扩展的力学计算方法,揭示了刚柔复合型铺装"先裂后辙、不裂不辙"的辙裂联动演变规律;开发了刚柔复合型铺装服役状态多维感知及预警、温度与变形控制、提升结构刚度的耐久性服役成套关键技术,实现大柔度重载桥梁钢桥面铺装耐久性多重提升。

图1-3 泰州大桥钢桥面铺装结构(行车道)

随着工程建设的发展,大跨径桥梁面临从"以建为主"向"建管并重"的逐步转换,特别是经过近20年的高温重载作用,部分桥梁的管养运维面临巨大挑战。江苏省经济发达,交通量大,货车通行比例不断增大,车辆类型日益大型化、重型化,货运车辆重载甚至超载现象显著,桥面铺装损伤及养护问题日益突出。在大交通量、重载比例高、高温、多雨,甚至是部分钢桥正交异性板厚度不足、存在先天刚度不足等使用条件下,钢桥面铺装过早进入疲劳破损,往往使用3~5年就进入预防性养护和小修保养阶段,5~8年就普遍开始进入集中养护阶段,与原设计使用寿命15年相距甚远。钢桥面铺装过早发生结构性病害,不但降低了过往车辆的行车舒适性和安全性,还可能加快钢桥结构性能的衰减速度,影响桥梁使用寿命。

泰州大桥自2012年12月通车以来,经过8年运营期,铺装总体使用状况良好(图1-4),但随着使用年限的增长,铺装表面出现了一些裂纹、脱空等病害,逐步进入中短期预防性养护及小修保养期。该时期是大桥桥面铺装管养承前启后的阶段,观测、养护的科学化颇为关键。

图1-4 泰州大桥钢桥面铺装整体使用状况良好

泰州大桥采用的刚柔复合型钢桥面铺装是国内外首创的钢桥面铺装方案,与双层环氧和"下层浇筑+上层改性沥青"相比,受力状况有较大的不同,铺装受力及变形性能温度敏感性高,铺装性能衰变规律也不同,但目前针对泰州大桥刚柔复合型铺装性能衰变规律的研究甚少,且缺乏相应的养护技术方案。

为了进一步探索泰州大桥刚柔复合型钢桥面铺装养护技术,支撑大桥桥面维保,提高铺装使用寿命,需基于前期研究及国内外研究成果,开展泰州大桥钢桥面铺装性能衰变规律及养护对策研究工作,准确掌握钢桥面铺装的性能衰减规律。针对刚柔复合型铺装不同层位裂缝、车辙等典型病害发展模式和性能衰变规律的特殊性,研究开发适宜未来一段时期内泰州大桥钢桥面铺装的养护策略和养护技术,保持和提升铺装长期使用性能,延长铺装使用寿命,并为国内类似项目的管理养护提供借鉴。

2 泰州大桥桥面系使用条件分析

钢桥面铺装的性能与桥梁结构、铺装材料及结构性能、环境气候条件、交通荷载状况、施工质量、养护管理等密切相关,其通车后的使用效果受到各种因素的综合作用和影响。目前虽然我国投入使用的大跨径钢桥面铺装工程数量很多,但不同工程的使用条件差异较大,使用效果也存在差异,因此对于桥面运营条件及使用过程中暴露出来的问题需要系统地梳理和总结,以利于铺装养护技术研究与应用水平的提高。

2.1 环境气候条件分析

泰州大桥地处泰州市,属于北亚热带湿润气候区,受季风环流的影响,具有明显的季风性特征。四季分明,夏季高温多雨,冬季温和少雨,具有无霜期长、热量充裕、降水丰沛、雨热同期等特点。

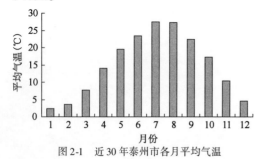

图2-1 近30年泰州市各月平均气温

1) 温度条件

近 30 年来泰州市各月平均气温如图 2-1 所示,年平均气温在 14.4～15.1℃之间,最高气温在 7 月,最热月平均气温为 27.7℃,最低气温在 1 月,最冷月平均气温为 2.8℃,极端最低气温和最高气温分别为 -11.6℃ 和 39℃。根据表 2-1 可以看出,泰州市日气温分布分为 5 个区间,温度在 [0℃,10℃)、[10℃,20℃)、[20℃,30℃)区间内的天数分别为 93d、111d 和 126d,高温集中在 6—9 月,占全年的 1/3。

泰州市日气温分布表　　　　表2-1

温度区间(℃)	[-10,0)	[0,10)	[10,20)	[20,30)	[30,40]
天数	8	93	111	126	27
区间代表值(℃)	-2.3	5.2	15.3	24.3	31.2

2) 湿度条件

因冬夏季风交替,泰州大桥所在区域降水具有明显的季节性变化趋势。年平均湿度达到 80%,7、8 月湿度最大达到 87%;年平均降水量 1037.7mm(图 2-2),年平均降雨日为 113d,2015 年降雨日高达 129d,占全年的 35%(图 2-3);降水主要集中于 6—8 月,降雨量约占全年降雨量的 50%,每月降雨天数在 10d 以上,月平均降雨量高达 150mm。

根据对泰州气温、降雨状况的统计,总体而言:泰州季节性气候特征明显,夏季高温且降雨量集中,冬季低温。因此,要求泰州大桥钢桥面铺装材料能很好地应对泰州气候状况,且同时具备良好的高低温性能、水稳定性并保证铺装体系具有完善的防水结构体系。

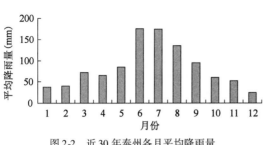

图 2-2　近 30 年泰州各月平均降雨量

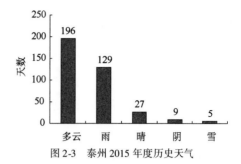

图 2-3　泰州 2015 年度历史天气

2.2　桥面系车辆荷载监测与分析

动态交通荷载是正交异性钢桥面系承受的主要活载之一,交通流量的大小、流向、轴重、车速等对正交异性钢桥面系的疲劳使用寿命和使用安全性具有较大的影响。通过对泰州大桥某一断面安装 Sinoroad-WIM 交通荷载实时监测系统(图 2-4),掌握桥面轴载谱、车道分布系数以及累计轴载等真实荷载状况,为理论力学分析模型、室内试验研究、后期养护结构和材料设计提供基础支撑。

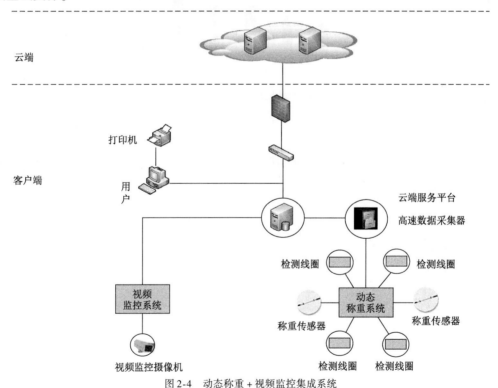

图 2-4　动态称重+视频监控集成系统

2.2.1　桥面动态称重系统

1)测点布置

泰州大桥于 2018 年 5 月在泰州—常州方向北引桥桥头安装 Sinoroad-WIM 动态称重系统,

横向布置方式为覆盖大桥桥面双向六车道。

2) 数据库存储和信息平台

建立动态荷载实时采集存储数据库,通过连续自动采集设备和光纤传输网络传输至数据库,实时采集和动态分析桥面交通荷载数据,并实现现场车辆的动态可视化展示。

2.2.2 泰州大桥动态荷载数据监测分析

1) 交通量

泰州大桥历年日交通量统计数据见图2-5。图中数据显示桥面日平均交通量呈逐年增长趋势。通车第二年(即2013年)泰州大桥日交通量9547辆,到2019年日交通量增长至43746辆,通车期间货车交通量占比平均为21.8%。

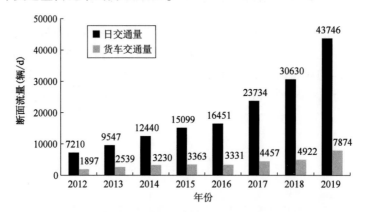

图2-5 泰州大桥历年日交通量走势图

泰州大桥不同轴型车辆24h通行量分布见图2-6,24h断面通行量如图2-7所示。图中数据显示2轴车通行量最高,呈两个波峰状,第一个波峰时间段出现在上午9:00—11:00,第二个波峰时间段出现在下午14:00—18:00;其他轴车辆在0:00—24:00交通量基本保持稳定,平均每小时车流量在200辆以内。

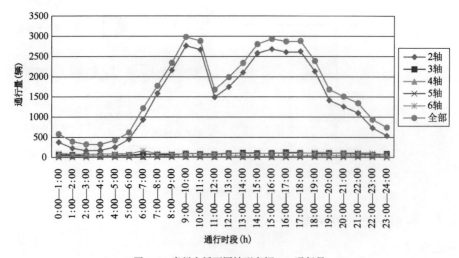

图2-6 泰州大桥不同轴型车辆24h通行量

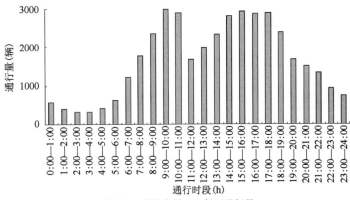

图 2-7　泰州大桥 24h 断面通行量

2）车道分布

泰州大桥车道分布系数见图 2-8。两个方向行车道和超车道分布系数基本相当，约为 0.19；两个方向重车道分布系数较低，常州—泰州方向 0.1，常州—泰州方向 0.13。

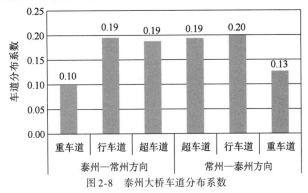

图 2-8　泰州大桥车道分布系数

3）货车车重分析

泰州大桥货车总重频率分布见图 2-9。图中数据显示车辆总重主要集中在 10~20t 区间内，该区间日交通量约在 2600 辆。其中 2 轴货车车辆总重在 10~15t 区间占比最高，该区间日交通量约 1150 辆；3 轴货车车辆总重在 15~20t 区间占比最高，该区间日交通量约 370 辆；4 轴货车车辆总重在 25~30t 区间占比最高，该区间日交通量约 180 辆；5 轴货车车辆总重在 15~20t 区间占比最高，该区间日交通量约 15 辆；6 轴及以上货车车辆总重在 40~45t 区间占比最高，该区间日交通量约 500 辆。

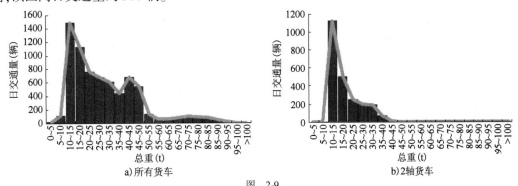

a）所有货车　　　　　　　　　　　b）2 轴货车

图　2-9

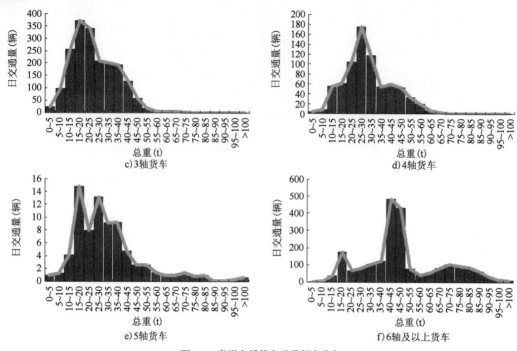

图 2-9 泰州大桥货车总重频率分布

4)轴载组成

泰州大桥 2019 年轴载组成统计见图 2-10。图中数据显示轴重主要集中在 0～2t、6～9t，轴重 >10t 的分布频率为 24.14%。

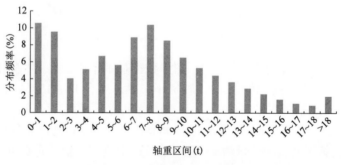

图 2-10 泰州大桥 2019 年全桥轴载谱

2.3 桥面系温度场监测与分析

  桥面铺装和钢箱梁温度监测是分析桥面铺装及钢箱梁结构温度场的关键。泰州大桥采用 Sinoroad 温度监控系统，即在钢箱梁及铺装内合理布设高灵敏度温度传感器，实现对钢桥面铺装温度实时监控；采用数据记录仪和无线传输装置，将实测温度值实时传输至监控中心，实现对桥面铺装及钢箱梁内部温度的实时监控和分析，以监测到最真实可靠的钢桥面铺装及钢箱梁温度数据。

本节重点对高、低温条件下桥面系温度进行实时监控和统计,总结在高、低温条件下,刚柔复合型铺装温度变化规律。

2.3.1 温度监测系统

1) 测点布置

泰州大桥于 2018 年 5 月在北跨跨中位置安装 Sinoroad 温度监控系统,钢箱梁内部横断面选取箱梁顶板、箱梁侧板、横隔板、箱梁底板、顶板 U 肋、箱梁内部空气 6 个位置,铺装层选取铺装层顶、铺装层间、铺装层底及地表 4 个位置分别布置温度传感器。

2) 数据库存储和信息平台

建立温度实时采集存储数据库,通过无线传输系统将实测温度数据传输到数据库(图 2-11),并通过短信平台,定时发送桥面系温度场状况,未来将实现自动预警预报功能。

图 2-11 服务端无线传输

2.3.2 刚柔复合型铺装极端高温温度场分析

1) 高温季节桥面系温度变化规律

选择 2017 年 7—8 月极端高温季节,极端最高气温达到 39℃,钢箱梁铺装温度实时变化趋势如图 2-12 所示,铺装层顶 60℃以上温度持续时间见表 2-2。总结不同时刻、不同位置的桥面系温度变化规律如下:

(1) 箱内各个部位温度分布规律为:铺装层顶温度 > 层间温度 > 层底温度 > 箱梁顶板温度 > U 肋温度 > 侧面板温度 > 内部空气温度 > 横隔板温度 > 底板温度。

(2) 随着环境温度的升高,由于铺装层及钢板温度传导延迟效应,桥面系温度由上而下随时间推移依次达到峰值。根据统计,铺装层顶、层间、层底及箱梁顶板分别于每天 11:00—17:00、12:00—18:00、14:00—18:00、14:00—17:00 出现持续高温。

(3) 铺装层顶温度在 60℃以上的持续时间达到 4h 以上,主要集中在 11:30—15:30。因此,应在该时段内做好铺装层的温度控制工作。

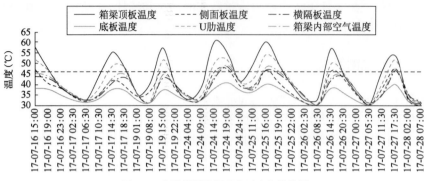

图 2-12　钢箱梁铺装温度实时变化趋势图

铺装层顶 60℃以上温度持续时间　　　　　　表 2-2

日　期	时　段	60℃以上持续时间(h)
7月16日	11:30—15:30	4
7月17日	12:00—16:00	4
7月19日	11:30—15:00	2.3
7月23日	14:00—16:00	2
7月24日	11:00—17:00	6
7月25日	14:00—16:00	2
7月26日	12:00—15:30	2.3
7月27日	11:30—15:30	4
7月28日	11:30—15:30	4

2)极端高温下铺装温度场分布状况

着重分析得出极端高温天气下(日最高气温为39℃)桥面系温度场分布状况(图2-13)。

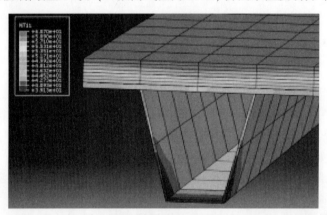

图 2-13　极端高温桥面铺装温度场分布状况

由桥面系24h温度场变化情况,得到极端高温季节钢箱梁内部各位置温度见表2-3,刚柔复合型钢桥面铺装在14:00时的温度度场分布规律如图2-14所示,可观察得到如下若干结论:

(1) 极端高温季节,桥面系各测点最低温度均在31℃左右,且温差不大;而各测点最高温时段温差较大,铺装层顶极端高温达到71.8℃,箱梁底板极端高温为41.1℃,温差约30℃。

(2) 根据24h铺装温度场变化规律,持续高温时段内路表空气温度超过36℃,14:00左右达到最高44.4℃;钢箱梁内部温度超过45℃,14:30左右达最高62.1℃;铺装层温度超过60℃,14:00左右铺装层顶达到最高71.8℃,14:30左右浇注层顶温度达到最高68.2℃;桥面系与环境最高温差达到30℃左右。

(3) 不同测点日最高和最低温度相差较大,尤其是铺装层顶温度相差最大,达到40.8℃,铺装层24h温度变化较快,铺装层强度交替变化快且幅度大,而不同层位变形响应延迟,易造成下层浇注式车辙、上层环氧开裂等病害。

极端高温季节钢箱梁内部各位置温度　　　　表2-3

位　置	最高温度(℃)	最低温度(℃)	温差(℃)
铺装层顶 P1	71.8	31	40.8
箱梁顶板 H1	62.1	31.8	30.3
箱梁侧板 H2	48.1	31.1	17
箱梁横隔板 H3	48.6	31.9	16.7
箱梁底板 H4	41.1	31	10.1
箱梁顶板U肋 H5	52.3	32.2	21.2
箱梁内部空气 H6	49.1	31.9	17.2
外界环境气温 H7	39	29	10

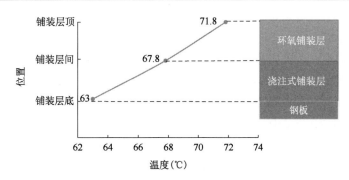

图2-14　刚柔复合型钢桥面铺装在14:00时的温度场分布规律

因此,需控制好极端高温季节桥面系的温度变化幅度,防止铺装层因随温度过快变化而造成伸缩变形过大、过快,导致开裂或车辙类病害。

结合动态称重所得的24h断面流量分布规律与24h桥面温度场分布规律的对应性来看(图2-15),24h通行量呈两个波峰状,第一个波峰出现在上午9:00,第二个波峰出现在下午16:00,9:00—17:00为交通量集中时段;同时,10:00—18:00为铺装层60℃以上极端高温运营时间段,即每天铺装将面临5h高温与大交通耦合作用,对铺装高温稳定性提出了更高的要求。

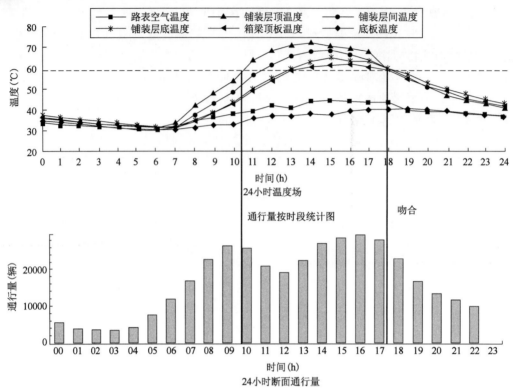

图2-15 桥面系24h温度场与断面通行量分布规律

2.3.3 刚柔复合型铺装极端低温温度场分析

泰州地区每年12月至翌年1月为极端低温季节,当地日最低气温为-4℃,日最低平均气温为0.5℃;日最高气温为14℃,日最高平均气温为9.1℃。

低温条件下,钢箱梁内部各位置温度相差不大,极端低温情况下,钢板顶面温度与环境温度相当,箱梁内部温度稍高,在-4~-1℃(表2-4)。铺装层最低温度与箱梁内部相当,为-3.7℃;受太阳辐射作用,最高温度高于环境气温,约7.6℃。总体来说,低温季节桥面系各点24h温度场变化不大(图2-16)。

低温季节钢箱梁内部各位置温度　　　表2-4

位　置	最高温度(℃)	最低温度(℃)
铺装层顶 P1	7.6	-3.7
箱梁顶板 H1	5.5	-3.7
箱梁侧板 H2	1.4	-2.3
箱梁横隔板 H3	0	-2.6
箱梁底板 H4	1	-1.8
箱梁顶板 U 肋 H5	2.1	-2
箱梁内部空气 H6	1.1	-1.6
外界环境气温 H7	4	-4

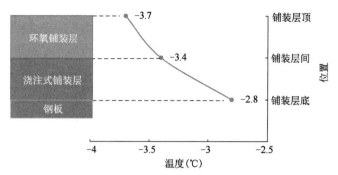

图 2-16　刚柔复合型钢桥面铺装极端低温温度场分布规律

根据极端低温天气 24h 铺装温度(图 2-17)可知,极端低温季节,夜间温度在 -4~-2℃,在凌晨 5:00 左右,铺装各层温度达到最低,均在 -4℃ 左右,与环境最低温相差不大。之后,由于太阳辐射作用,环境气温和铺装层温度均升高。

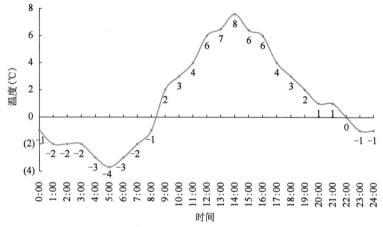

图 2-17　极端低温天气 24h 铺装温度

2.4　小　结

本章主要对泰州大桥桥面系车辆荷载、温度场进行实时监测与分析,为铺装性能衰变规律研究提供真实可靠的基础数据支撑。分析结果表明:

1)桥面系车辆荷载特点

泰州大桥日均交通量呈逐年增长趋势,2020 年约 4.3 万辆/日,相比通车第二年日交通量增长了 4.5 倍;车辆总重主要集中在 10~20t 区间内,该区间日交通量约在 2600 辆;轴重主要集中在 0~2t、6~9t,轴重 >10t 的分布频率为 24.14%。

2)桥面系温度环境

极端高温季节,泰州大桥铺装层顶极端高温达 71.8℃,下层浇注层顶最高温度达 68.2℃,60℃ 以上高温持续时间长达 4~6h,且每天铺装将面临 5h 高温与大交通耦合作用;极端低温季节,泰州大桥铺装及钢箱梁内部与环境温度相差不大,凌晨 5:00 左右达到最低温 -4℃。

3 泰州大桥钢桥面铺装性能长期观测

泰州大桥"下层浇注+上层环氧"为异性材料,其病害特征与双层环氧和"下层浇注+上层改性沥青"不同。本章通过对泰州大桥刚柔复合型铺装病害特征进行跟踪观测和评估,总结刚柔复合型铺装主要病害类型、病害发展规律、分布规律等,为耐久性服役技术研究提供依据。

3.1 多维度检测方法

钢桥面的快速及时检测是保证养护有效性和及时性的关键。2016年7月—2018年3月,参考《大跨径桥梁钢桥面环氧沥青铺装养护技术规程》(DB32/T 3292—2017)、《公路钢桥面环氧沥青铺装养护技术指南》中的检测方法对泰州大桥钢箱梁桥面铺装使用性能进行检测。

(1)人工检查测量桥面破损,采用网格化方式进行地毯式排查;
(2)桥面系变形检测,采用多功能检测车重点检测桥面系车辙永久变形状况;
(3)层间黏结状况检测,采用红外热成像仪全断面扫描检测桥面脱空、微裂缝等病害。

3.1.1 人工破损检测

目前,人工巡查仍是最为有效的桥面铺装病害检查方式(图3-1)。泰州大桥人工巡查采用网格化方式进行地毯式排查,由北向南方向将缆索依次编号,将车道分为车道1、车道2、车道3,精确记录病害类型、病害位置、病害面积。

图3-1 人工巡查

3.1.2 一般路用性能检测技术

采用多功能检测车(图3-2)对泰州大桥K39+390~K41+550双向重车道、行车道、超车道桥面铺装的车辙深度和平整度进行检测。该检测设备的平整度检测系统可在检测过程中实时测得平整度指数(IRI),并将其转换成IRI真值,每20m记录一个检测数据;车辙检测系统采用5个激光探头按车道连续采集横断面高程数据,并实时计算左右轮迹带处的最大车辙深度,每10m记录一个检测数据。桥面损坏测量系统具体参数见表3-1。

图3-2 多功能检测车

桥面损坏测量系统具体参数　　　　　表3-1

序号	类别	指标值及说明	
1	系统参数	检测速度	0~130km/h
		横向断面有效检测宽度	≥3.75m
2	硬件参数	相机类型	高分辨率线扫描CCD(Charge-Coupled Device)相机
		产地	中国
		色彩	黑白(灰度)
		图像分辨率	4096×2048
3	数据处理系统	(1)设置采集参数和相机相关参数,连续采集全车道路表图像; (2)实时调节相机曝光及增益参数,提供曝光及增益调节方案选择功能; (3)实时监控路表图像、里程信息以及磁盘存储状态; (4)实时以图片格式存储路面图像信息,并以文件格式存储对应图片的里程信息; (5)采集结束后可以检查数据的完整性	

3.1.3 层间黏结状况无损检测技术

采用红外热成像检测技术检测钢桥面铺装层间黏结状况(图3-3)。红外热成像检测技术是一种建立在传统热学理论基础上的无损检测技术,利用红外热像设备测取目标物体的表面红外辐射能,将其转换为电信号,并最终以彩色图形式显示目标物体的表面温度场,根据温度场的特征来反推被检对象表面或内部是否存在缺陷。该技术是一种非接触式检测技术,对被检测物体无任何影响,具有检测结果形象直观、大面积快速扫描、检测效率高等特点。

检测方法及脱空判定方法为:经太阳光照射,脱空中间部分与整个均匀介质的铺面有明显的颜色差异,而加以初步判别;且脱空空腔内残留的气体如同密闭在封闭空间内,对四周混合料起到一定的"保温"作用,直接表现出脱空四周混合料温度的不同,产生疑似脱空的轮廓。

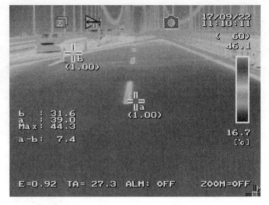

图3-3　现场红外热成像检测

3.2　铺装平整度、车辙分析

3.2.1　国际平整度指数(IRI)

行驶质量或行驶舒适性与路面平整度密切相关,在《公路技术状况评定标准》(JTG 5210—2018)中,"优"和"良"对应的 IRI 分别为 2.3m/km 和 3.5m/km(高速公路、一级公路)。

泰州大桥 2016—2019 年平整度状况如图 3-4 所示。图中数据表明泰州大桥双向六车道铺装总体 IRI 均在 2.3m/km 以内,平整度状况评级为"优"。

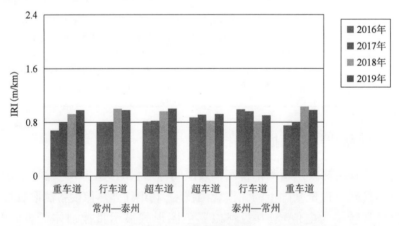

图3-4　泰州大桥平整度

3.2.2　车辙深度(RD)

根据《公路技术状况评定标准》(JTG 5210—2018),辙槽在 0~10mm 之间为无车辙,辙槽深度在 10~15mm 之间为轻度车辙,辙槽深度大于 15mm 为重度车辙。

泰州大桥 2016—2019 年车辙深度状况如图 3-5 所示。图中数据表明泰州大桥车辙深度均低于 5mm，车辙状况评级为"优"。

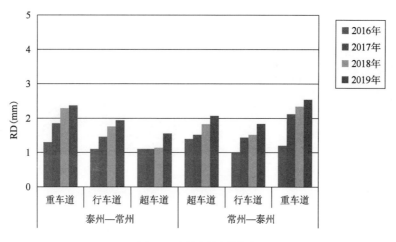

图 3-5　泰州大桥车辙深度

3.3　铺装典型病害类型

泰州大桥采用的是"下层浇注 + 上层环氧"的刚柔复合型铺装结构，在大流量交通荷载作用下，目前主要存在裂缝和脱空两种病害类型。

3.3.1　裂缝类

裂缝是钢桥面铺装最主要的病害之一，对于环氧沥青铺装来说，除了先天性的脱空病害以外，裂缝几乎是最主要的原发性病害。

1）纵向裂缝（图 3-6）

在正交异性板 U 肋顶面以及焊缝上方附近等位置易产生开裂，与钢箱梁结构和荷载有密切关系，是在车轮荷载的反复作用下发生疲劳破坏所致，主要出现在左、右两侧轮迹带位置，与 U 肋位置负弯矩区有一定的对应关系。

2）施工缝开裂（图 3-7）

泰州大桥采取整幅施工而成，施工缝较少。泰州—常州方向 46S～54S 段落由于施工原因，铺装上层的环氧沥青未固化完全，随即对其铣刨重铺，故产生了两条横向施工缝。运营期主要采用沥青类材料对施工缝进行填封，调研发现局部出现了二次开裂。

施工缝位置属于铺装层的薄弱环节，尤其对于刚柔复合结构，上层环氧沥青混凝土开裂后，当荷载作用在裂缝处，作用力无法扩散导致下层浇注式沥青混凝土所受压应力增大，产生较大塑性变形，导致裂缝修补材料承受较大剪切力，易产生二次开裂。因此，不同于传统双层环氧沥青混凝土的裂缝修补侧重于封闭防水，刚柔复合型铺装裂缝修补需采用高强灌缝材料，以恢复铺装的整体结构强度，消除局部应力集中。

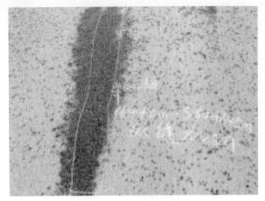

图 3-6 纵向裂缝

图 3-7 施工缝开裂

3.3.2 脱空

脱空病害通常因施工过程中水汽、油分或者土等黏结在钢板表面或者两层铺装之间，施工过程中或者施工完毕后一段时间内表现不明显，随着使用时间延长、温度的升高以及荷载的反复作用，铺装层底部的空腔会逐步扩大，导致铺装层与钢板脱离而单独受力，在车辆荷载条件下易发展成裂缝、坑槽等病害。铺装层间脱空、局部脱空是钢桥面铺装深层次病害，如果不能及时识别并进行针对性处治，病害将迅速向上反射，导致铺装层发生局部的整体崩溃性破损。

通过采用红外热成像技术对泰州大桥铺装表面温度进行检测，结果显示铺装表面温度整体分布均匀，如图 3-8 所示。另外，脱空位置的温度较铺装完好位置高，如图 3-9 所示。

图 3-8 铺装层表面温度分布情况

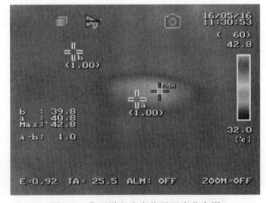

图 3-9 典型脱空病害位置温度分布图

3.4 病害发展与分布规律分析

3.4.1 病害发展规律

根据养护调研资料，对 2013—2019 年泰州大桥铺装裂缝病害进行统计发现，铺装裂缝以施工缺陷类为主，而未出现疲劳裂缝。裂缝病害数量如图 3-10 所示。图中数据显示，截至 2019 年，裂缝病害数量累计 218 处，整体状况较好，裂缝发展处于萌芽阶段。

同时对 2013—2019 年泰州大桥脱空病害进行统计发现，截至 2019 年，脱空病害数量累计

49处,运营前四年(2012—2015年)脱空病害不明显,从2016年开始脱空病害有所增加,总体上处于初步发展阶段。脱空病害发展规律如图3-11所示。

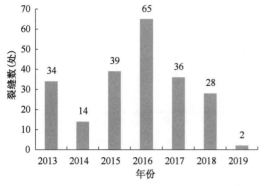

图3-10 泰州大桥2013—2019年裂缝病害发展规律

图3-11 泰州大桥2013—2019年脱空病害发展规律

3.4.2 病害分布规律

1)裂缝病害分布规律

通过调查可知,泰州大桥自2012年通车以来,总体使用状况良好。泰州大桥裂缝病害纵桥向分布情况如图3-12所示。图中数据显示,从病害总体分布规律来看,重车道病害较多,尤其是常州—泰州方向重车道;不同行车方向靠近中塔附近1/4跨范围内病害较为集中,面积最高点约为4 m^2,总体分布规律与三塔两跨悬索桥整体受力特性相对应,中塔附近竖向弯矩最大,为受力最不利梁段,也是铺装层受力最薄弱区域,更易出现拉裂等问题。

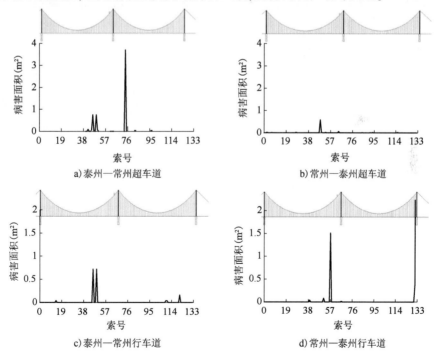

a)泰州—常州超车道 b)常州—泰州超车道

c)泰州—常州行车道 d)常州—泰州行车道

图 3-12

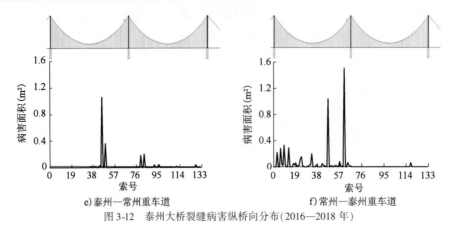

e) 泰州—常州重车道　　　　　　f) 常州—泰州重车道

图 3-12　泰州大桥裂缝病害纵桥向分布(2016—2018 年)

泰州大桥纵向裂缝病害横向分布情况如图 3-13 所示。图中数据显示,常州—泰州方向纵向裂缝多于泰州—常州方向,且重车道纵向裂缝相比行车道、超车道较多,重车道纵向裂缝占总数的 83%;常州—泰州方向重车道纵向裂缝最多,裂缝折算面积约 3.69 m^2,占该方向纵向裂缝总数的 92.6%,占全桥纵向裂缝总数的 50.8%;泰州—常州方向重车道纵向裂缝次多,裂缝折算面积约 2.336 m^2,占该方向纵向裂缝总数的 71.4%,占全桥纵向裂缝总数的 32.2%;根据裂缝与正交异性板对应关系可以看出,病害主要分布位置在 U 肋与顶板焊接处。

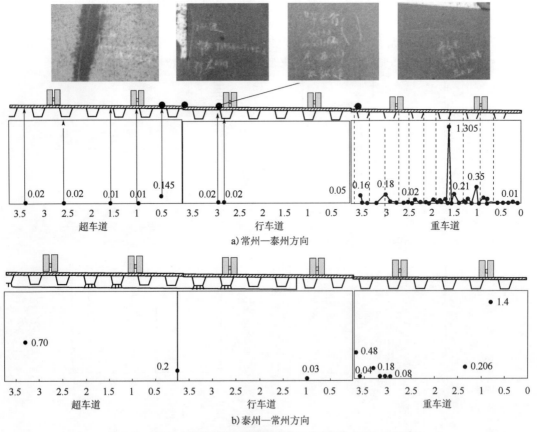

a) 常州—泰州方向

b) 泰州—常州方向

图 3-13　泰州大桥纵向裂缝病害横向分布(0 为右标线,2016—2018 年)

2)脱空病害分布规律

通过调查可知,2013—2018 年期间泰州大桥累计脱空病害 44 处,表 3-2 显示了各车道脱空类病害数量分布情况。表中数据表明泰州—常州方向各车道脱空数量较常州—泰州方向多,泰州—常州方向共 28 处,常州—泰州方向脱空共 16 处;泰州—常州方向重车道脱空数量最多,共 13 处;常州—泰州方向行车道脱空数量最少,共 4 处。

2013—2018 年脱空类病害横向分布规律　　　　表 3-2

方　向	车　道	脱空个数	合　计
常州—泰州	重车道	6	16
常州—泰州	行车道	4	16
常州—泰州	超车道	6	16
泰州—常州	超车道	8	28
泰州—常州	行车道	7	28
泰州—常州	重车道	13	28

3.5　铺装使用性能分级评价指标

3.5.1　铺装层病害类型及权重

1)病害分类

基于钢桥面铺装病害调研结果,并结合文献资料分析统计,对江苏省钢桥面铺装病害类型进行了汇总和提炼,重点针对热塑性沥青铺装、热固性环氧沥青铺装病害进行分类,如表 3-3 所示。

刚柔复合型钢桥面铺装损坏类型　　　　表 3-3

序　号	铺装类型	
	热塑性沥青类铺装 (浇注式、改性沥青等)	热固性环氧类铺装 (热拌、温拌、高韧冷拌树脂等)
1	龟裂	龟裂
2	块状裂缝	块状裂缝
3	纵向裂缝	纵向裂缝
4	横向裂缝	横向裂缝
5	脱空	鸡爪形裂缝
6	坑槽	环形裂缝
7	松散	脱空
8	沉陷	坑槽
9	车辙	松散
10	波浪拥包	修补
11	泛油	泛油
12	修补	层间推移

表中结果显示,热塑性沥青铺装病害类型与一般沥青路面接近,共12种病害类型,主要增加了脱空病害。热固性环氧铺装病害类型与一般路面有较大不同,共12种,根据调研结果进行了针对性的增删调整,主要增加了鸡爪形裂缝、环形裂缝、脱空、层间推移等病害,而删减了沉陷、车辙、波浪拥包等变形类病害。

2)病害权重系数界定

现行路面状况评价指标体系中,不同病害的权重系数 w 是根据病害对于路面行驶质量的影响程度来确定的,其值反映了不同病害对路面行驶品质的影响程度,但是直接将路面病害权重系数用于指导评价桥面铺装却缺乏一定的实际意义。因此,调整权重系数时要充分考虑铺装层典型病害、环境条件、交通量状况等因素,对典型病害、受外界因素影响较大且易于引发路面病害恶化的病害应提高权重系数值。

本节依托《公路技术状况评定标准》(JTG 5210—2018),充分考虑不同桥面铺装病害对桥梁结构安全和耐久性影响的程度差异,对钢桥面铺装病害类型权重系数进行了量化评级。主要病害类型的权重系数调整情况如下:

(1)脱空病害

病害程度默认为"重",权重系数设定为1.0。

(2)纵向裂缝、横向裂缝

轻、重程度临界值设为宽度0.5mm(传统双层环氧沥青混凝土分级为1.0mm),权重系数分别设定为0.6和1.0。

(3)鸡爪形、环形裂缝

病害程度默认为"重",权重系数设定为1.0。

(4)龟裂、块裂

病害程度默认为"重",权重系数设定为1.0。

(5)坑槽

病害程度默认为"重",权重系数设定1.0。

(6)修补

沥青类铺装权重系数设定为0.1;环氧类铺装权重设定为0.2。

(7)车辙

深度大于5mm判定为车辙。

轻、重程度临界值设为10mm,5~10mm判定为轻,权重为0.6;10mm以上判定为重,权重为1.0。

(8)其他病害

其他的常规病害,如松散、波浪拥包、泛油、车辙等病害,可参照《公路技术状况评定标准》(JTG 5210—2018)中的相关规定进行取值、计算。

3.5.2 桥面铺装技术状况评估指标

1)铺装破损状况指数SDPCI

通过对江苏省多座长江大桥环氧沥青钢桥面铺装进行长期跟踪观测,结合《公路技术状况评定标准》(JTG 5210—2018),梳理出环氧沥青钢桥面铺装病害类型,并建立了钢桥面铺装破损状况指数 SDPCI(Steel Deck Pavement Condition Index),综合反映钢桥面铺装裂缝、坑槽、修补、脱空等铺装层破损状况。

钢桥面铺装破损状况指数 SDPCI 按下式计算:

$$\text{SDPCI} = 100 - \alpha \text{DR}^{\beta} \tag{3-1}$$

$$\text{DR} = 100 \times \frac{\sum_{i=1}^{i=i_0} w_i A_i}{A} \tag{3-2}$$

式中:α、β——根据调研钢桥面铺装大中修、预防性养护对应破损率回归确定,分别取 19.32、0.408;

DR——路面破损率(%);

A_i——第 i 类桥面破损面积(m^2);

A——调查的钢桥面铺装面积(m^2);

w_i——不同病害类型损坏的权重。

按照钢桥面铺装破损状况指数 SDPCI 的分值,大跨径钢桥面铺装使用性能评价标准见表 3-4。同时结合钢桥面铺装不同养护需求,评价等级主要分为优、良、中 3 个等级。

破损状况评价等级　　　　　表 3-4

SDPCI	评价等级
SDPCI≥90	优
80≤SDPCI<90	良
SDPCI<80	中

调查发现,2017—2019 年期间泰州大桥各车道的 SDPCI 评分均在 90 分以上(图 3-14),处于"优"级状态。

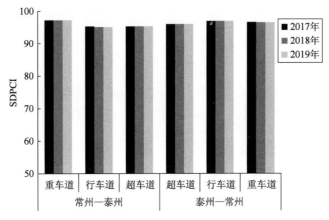

图 3-14　2017—2019 年各车道破损状况指数对比

2)铺装裂缝状况评价指标

裂缝病害是环氧沥青铺装原发性病害,是桥面中后期局部性破损的最主要因素。因此,单独针对桥面裂缝状况建立评价指标显得尤为必要。

传统的裂缝病害评价主要考虑裂缝宽度,而忽略了裂缝分布状况等的影响。为了进一步量化桥面裂缝病害状况,提出采用裂缝率 PCR 指标对裂缝状况进行评价。裂缝率 PCR 表征的是裂缝病害的总体状况,可按下式计算:

$$PCR = \frac{A_C}{A} \times 100 \tag{3-3}$$

式中:PCR——裂缝率(%);

A_C——裂缝病害折算面积(m^2),影响宽度取 0.1m;

A——调研区域的总面积(m^2)。

采用裂缝率 PCR 指标对钢桥面铺装裂缝状况进行宏观评价,按照1%的裂缝率进行桥面裂缝等级的递进评价,同时结合钢桥面铺装不同养护需求,评价等级主要分为优、良、中 3 个等级,如表3-5 所示。

钢桥面铺装裂缝状况评价等级   表3-5

PCR(%)	评价等级
0≤PCR<1	优
1≤PCR<2	良
PCR≥2	中

调查发现,泰州大桥铺装整体技术状况较好,裂缝影响面积仅 $12m^2$(裂缝影响宽度按 0.2m算),裂缝率约0.017%,整体处于"优"级状态。

3)修补率指标 PMR

修补率指标 PMR(Pavement Maintenance Rate)可以反映桥面整体病害情况,同时可以反映桥面养护历史,通过历年的修补率数据分析,还可以反映桥面养护效果。修补率越高,桥面铺装整体性能未来衰减速率可能越大,修补率增长越快,说明桥面性能加速衰减以及桥面养护效果不佳。

修补率指标可按下式计算:

$$PMR = \frac{\sum A_m}{A} \times 100 \tag{3-4}$$

式中:PMR——修补率(%);

$\sum A_m$——修补病害面积之和(m^2);

A——调研区域的总面积(m^2)。

钢桥面铺装修补状况评价标准如表3-6 所示。

钢桥面铺装修补状况评价等级   表3-6

PMR(%)	评价等级
0≤PMR<1	优
1≤PMR<3	良
PMR≥3	中

调查发现,泰州大桥修补率不到1%,主要对两处火烧进行了罩面修补,并对施工缝及局部微损伤进行了灌缝处治,未产生连续性结构性破损。

4)层间黏结状况评估指标

(1)脱空率指标 PDR

脱空率指标 PDR(Pavement Delamination Ratio)可宏观反映桥面脱空的状况,总体评价钢桥面铺装层间连接的技术状况。采用钢桥面铺装表面破损状况 SDPCI 指标和铺装脱空率 PDR 指标进行双控,共同评价钢桥面铺装的总体技术状况,可以对钢桥面铺装体系安全做到"双保险",尤其是采用脱空率指标后,可以对钢桥结构安全做到更有效的保护。脱空病害包括脱空、爪形裂缝等。

脱空率 PDR 按下式计算:

$$PDR = 100 \times \frac{A_{ab}}{A} \tag{3-5}$$

式中:PDR——铺装脱空率(%);

A_{ab}——检测出的脱空铺装总面积(m^2);

A——检测范围的总面积(m^2)。

(2)脱空分布密度指标 BDD

脱空率是桥面层间连接状况的一个宏观评价指标,不能体现桥面脱空、脱空的分布等细节情况。本节提出了脱空分布密度指标 BDD(Bulge Distribution Density)进行桥面脱空分布状况的评价(图3-15),可按下式计算,物理含义是每车道平均每100m 的脱空个数。

$$BDD = \frac{100 \times N_B}{L} \tag{3-6}$$

式中:N_B——脱空总个数;

L——调研车道长度(m)。

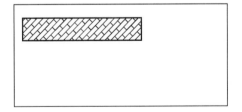 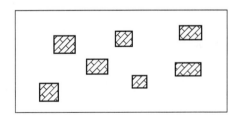

图3-15 脱空率相同,脱空分布密度不同

(3)层间黏结状况评价等级

采用脱空率 PDR 指标进行桥面连接状况的综合评价,按照每1%的脱空率进行桥面连接的递进评价,同时结合钢桥面铺装不同养护需求,评价等级主要分为优、良、中3个等级,如表3-7 所示。

钢桥面铺装层间连接状况评价等级　　　　表 3-7

PDR(%)	评价等级
0≤PDR<1	优
1≤PDR<2	良
PDR≥2	中

调查发现,泰州大桥运营期共发现脱空 44 处,总面积为 0.44m²,脱空率 PDR 约 0.005%,处于"优"级状态。

3.5.3 桥面铺装使用性能网格化评价

《公路技术状况评定标准》(JTG 5210—2018)是将高速公路按照分车道或者整体进行评价的。为了进一步评估泰州大桥的桥面病害分布规律,掌握其使用性能衰减规律,科学指导养护决策,采用分段分区方法对桥面铺装破损状况进行精细化评估。为了进一步精细化评估桥面使用性能的衰减规律和病害分布特征,采用网格化方法对桥面使用状况进行了分析,使得桥面养护决策有更精确的依据。

基于大跨径桥梁缆索的纵向分布、渠化交通条件下的轮迹带横向分布特点,建立单元段网格化的评价管理方法(表3-8)。横向车道分布为重车道、行车道、超车道;纵向分区按照缆索进行分区,相邻两根缆索为一个单元区,一个单元区可看成是一跨,即一个简支梁,节点是缆索连接位置。由北向南方向将缆索依次编号,全桥共 3 个桥塔,北塔(BT)、中塔(ZT)、南塔(NT),共 132 根缆索(1S,2S,…132S)。按行车方向由左到右,将车道分为车道 1、车道 2、车道 3,将全桥划分为 804(134×6)个单元区,再对每个单元区进行破损评估。

泰州大桥钢桥面铺装层分单元区使用性能　　　　表 3-8

方　向	车　道	索　号	SDPCI	评价等级	主要原因
常州—泰州	车道 1	84S~85S	88.7	良	施工缝
	车道 2	84S~85S	88.7	良	施工缝
		T1~S1	70.1	中	罩面微裂缝
	车道 3	84S~85S	88.7	良	施工缝
		T1~S1	70.1	中	罩面微裂缝
泰州—常州	车道 1	86S~87S	83.5	良	施工缝
		83S~84S	83.5	良	施工缝
	车道 2	86S~87S	83.8	良	施工缝
		83S~84S	83.8	良	施工缝
	车道 3	86S~87S	81.0	良	施工缝
		83S~84S	87.8	良	施工缝

泰州大桥病害网格化分布如图 3-16 所示。泰州大桥铺装服役状况良好,这里仅将 SDPCI<90 的单元区列于网格化评估图上,将存在脱空病害的单元区标出。其中 9 个索段状态为"良",主要原因为施工缝;常州—泰州方向北塔附近 2 个索段评分为"中",主要原因是局部罩

面出现微裂缝。

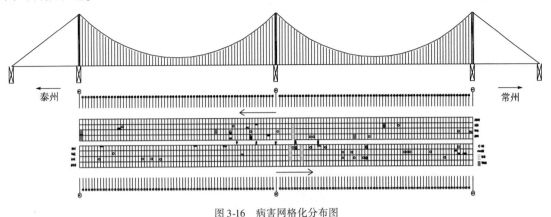

图 3-16 病害网格化分布图

3.6 小　　结

本章根据泰州大桥钢桥面铺装性能长期跟踪观测结果,分析了铺装典型病害类型及破损状况,总结了病害发展与分布规律,建立了多维网格化评估方法和指标。主要结论如下：

(1)根据泰州大桥刚柔复合型铺装病害调研结果,整体使用技术状况较好,未产生车辙、平整度等路用性能衰退问题。

(2)泰州大桥已运营8年多,典型病害以局部微裂纹、脱空等施工缺陷类损伤为主,处于萌芽和初步发展阶段。

(3)泰州大桥钢桥面铺装裂缝病害主要集中于上层环氧轮迹带位置,并与正交异性钢桥面体系具有一定的对应关系,且三塔两跨悬索桥中塔附近病害较为集中,与整个桥面系受力特性相吻合。

(4)建立了桥面铺装破损状况及层间黏结状况等多维度评估指标和网格化精细化评估方法。

(5)根据泰州大桥钢桥面铺装使用性能网格化评估结果,泰州大桥铺装总体技术状况为"优",尚未出现结构性破损问题,正处于预防性养护的关键阶段,该阶段环氧层抗裂性能提升和变形控制是养护重点,是保证铺装长期使用性能的关键。

4 刚柔复合型铺装破坏机理及衰变规律分析

准确掌握铺装破坏机理及性能发展规律,才能有效指导铺装养护方案的制定。"下层浇注+上层环氧"刚柔复合型钢桥面铺装与双层环氧、"下层浇注+上层改性沥青"相比,受力状况及铺装性能衰变规律有所不同。本章通过对泰州大桥刚柔复合型铺装破坏规律力学模拟分析、基于破损状况下的刚柔复合型铺装受力特性分析和基于疲劳损伤理论的钢桥面铺装疲劳损伤度分析等,掌握刚柔复合型铺装破坏机理及衰变规律。

4.1 刚柔复合型铺装破坏规律力学模拟分析

本节结合钢桥面铺装实测温度和交通荷载分析结果,运用ABAQUS有限元分析方法模拟刚柔复合型铺装温度场分布情况,并基于浇注式沥青层的温度敏感性,通过铺装结构力学分析,分析不同温度条件下刚柔复合型铺装结构应力应变特性,为养护决策提供支撑。

根据已有研究成果,泰州大桥三塔两跨悬索桥刚柔复合型铺装受力最不利梁段在中塔附近(图4-1),因此选取中塔附近正交异性板铺装结构进行分析。

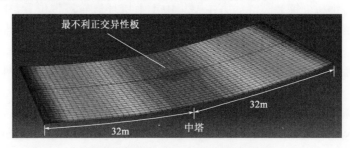

图4-1 整桥结构影响下铺装受力最不利箱梁段应力分布图

4.1.1 正交异性板铺装结构模型

1)基本假设

刚柔复合型钢桥面铺装有限元计算基本假设如下:
(1)桥面铺装各结构层为均匀、连续、各向同性的连续弹性体;
(2)各结构层之间完全连续,横隔板底部完全固定。

2)桥面铺装结构模型参数

铺装层结构由钢板从下至上依次为:35mm浇注式+25mm环氧。忽略黏结层厚度,采用有限元软件ABAQUS中的"tie"模块模拟层间黏结关系。桥面铺装结构及材料参数如表4-1

所示,桥面铺装结构模型如图4-2所示。

结构及材料参数　　　　　　　　　　表4-1

结 构 层	长度 Z(m)	宽度 X(m)	厚度 Y(m)	模量(MPa)	泊 松 比
环氧	9.6	6	0.025	1000~15000	0.25
浇注式	9.6	6	0.035	50~15000	0.25
钢桥面板	3.2×3	6	0.014	210000	0.3
横隔板	0.01	6	0.84	210000	0.3
U形肋	9.6	0.003	0.28	210000	0.3

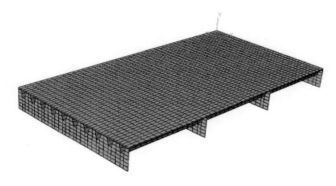

图4-2　桥面铺装结构模型

3)单元选取与网格划分

铺装层及钢桥面板采用20节点六面体二次减缩积分单元(C3D20R),U形肋及横隔板采用8节点六面体线性减缩积分单元(C3D8R)进行网格划分。

4)边界条件

沿行车方向两端施加横向(x方向)及纵向(z方向)位移约束。横隔板底部完全固定。

5)车辆荷载

荷载作用面积为 $0.6m(X) \times 0.2m(Z)$。

6)正交异性钢桥面铺装不利荷位

横向选取U形肋正上方(Ⅰ)、横跨两U形肋之间(Ⅱ)、荷载侧边缘正对于U形肋侧板上方(Ⅲ)3种荷位,见图4-3a;纵向选取沿行车方向距横隔板0m、0.4m、0.8m、1.2m和1.6m(两横隔板中间)5个荷位进行模拟,见图4-3b)。

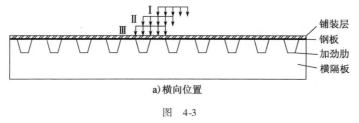

a)横向位置

图 4-3

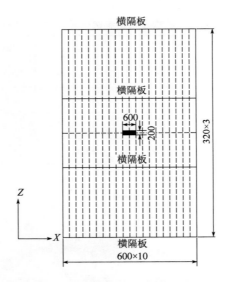

b) 纵向位置(尺寸单位：mm)

图 4-3 荷载作用位置示意图

荷载作用面积为 $0.6\mathrm{m}(X) \times 0.2\mathrm{m}(Z)$，荷载为标准轴载考虑 50% 超载，即胎压为 1.05MPa，考虑 50% 纵向水平作用力。

环氧铺装层模量选择 2000MPa，浇注式模量选择 500MPa。选取铺装层横向最大拉应力 σ_{11} 和最大竖向位移 w_1 作为验算指标，进行最不利荷位分析，变化规律见图 4-4。

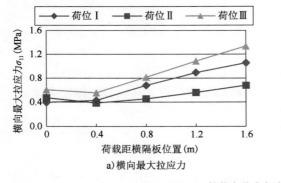
a) 横向最大拉应力

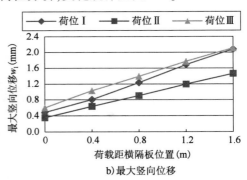
b) 最大竖向位移

图 4-4 铺装力学响应随荷载位置变化规律

图 4-4 数据显示：

（1）纵向荷位变化对铺装层结构力学响应影响显著。随着荷载位置与横隔板之间距离的增大，铺装层横向最大拉应力及最大竖向位移均明显增大，当荷载作用在相邻两横隔板中间位置时，最大拉应力和最大竖向位移达到最大；

（2）荷载作用于相同纵向位置时，在Ⅰ、Ⅱ、Ⅲ三种横向荷位下，最大拉应力由大到小依次为 $\sigma_{\mathrm{III}} > \sigma_{\mathrm{I}} > \sigma_{\mathrm{II}}$，最大竖向位移由大到小依次为 $w_{\mathrm{III}} > w_{\mathrm{I}} > w_{\mathrm{II}}$；

（3）因此，纵向相邻两横隔板中间、横向荷位Ⅲ为最不利荷位。

4.1.2 不同温度条件下刚柔复合型铺装受力特性

根据动态模量试验,确定浇注层和环氧层模量随温度的变化规律,见表 4-2 和图 4-5。车速越高,即加载频率越高,铺装材料动态模量越大。由于模拟采用静载作用,因此选用低速条件,即加载频率为 0.1Hz 作用下的动态模量进行模拟计算。

浇注式动态模量 表4-2

温度(℃)	频率(Hz)						
	0.1	0.5	1	5	10	20	25
5	14598	18072	19672	23244	24774	26409	27041
15	7363	10345	11792	15306	16990	18954	19699
25	2968	4677	5583	8073	9370	10824	11316
40	432	928	1249	2369	3017	3812	4054
55	101	207	287	760	1101	1497	1644

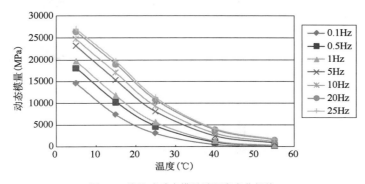

图 4-5 浇注式动态模量随温度变化规律

考虑铺装温度分别为低温 5℃、常温 25℃ 及极端高温 70℃ 三种典型条件下刚柔复合式结构的应力应变特性,对应"浇注+环氧"模量组合分别为 15000MPa+15000MPa、3000MPa+3000MPa、50MPa+1000MPa,分析不同温度条件下刚柔复合型铺装结构力学响应。

选取横向最大拉应力 σ_{11}、最大拉应变 ε_{11};纵向最大拉应力 σ_{33}、最大拉应变 ε_{33};最大竖向位移 w_1 及肋间相对位移 Δl 作为力学分析指标。

考虑标准轴载单轴双轮组 BZZ-100kN 荷载条件与温度耦合作用下铺装层力学特性。标准轴载作用下铺装层变形云图如图 4-6 所示。

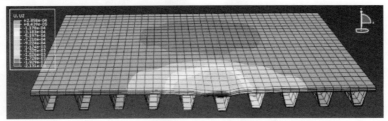

图 4-6 标准轴载作用下铺装层变形云图

根据标准轴载 BZZ-100kN 与温度耦合作用下铺装受力特性计算结果,由图 4-7 可以看出:

(1)高低温条件下,铺装层模量相差较大,各层受力特性变化明显,且均为环氧层顶应力应变最大。

(2)低温和常温条件下铺装 $\sigma_{11} > \sigma_{33}$、$\varepsilon_{11} > \varepsilon_{33}$;高温条件下铺装纵向拉应力应变显著增大,$\sigma_{33} > \sigma_{11}$、$\varepsilon_{33} > \varepsilon_{11}$。因此低温和常温条件下选取 σ_{11}、ε_{11} 为拉应力应变指标,高温条件下选取 σ_{33}、ε_{33} 为拉应力应变指标。即低温和常温条件下铺装层相比高温条件下更易产生纵向裂缝,高温条件下则更易产生横向裂缝。

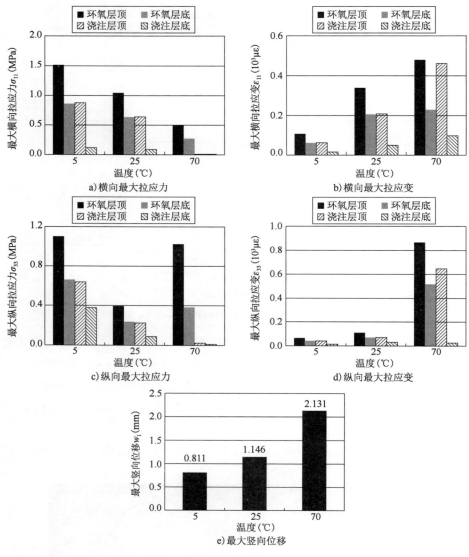

图 4-7 三种典型温度条件下铺装力学响应

①低温和常温条件下,环氧层顶 σ_{11} 分别为 1.512MPa 和 1.045MPa;环氧层顶 ε_{11} 分别为 107με 和 340με,因此相比低温条件,常温条件下环氧铺装更可能产生纵向开裂;

②高温条件下,下层浇注式模量显著减小,上层环氧为主要承重层,铺装上层和层间纵向拉应力应变显著增大,环氧层顶 σ_{33} 为 $1.026MPa$、ε_{33} 为 $868\mu\varepsilon$。

(3)高温条件下竖向位移达到 2.1mm,低温和常温条件下竖向位移分别为 0.8mm、1.1mm,高温条件下铺装层竖向位移同比低、常温条件下成倍增长,可见温度变化对铺装竖向变形影响显著,高温条件下易产生车辙类病害。

参考《公路钢桥面铺装设计与施工技术规范》(JTG/T 3364-02—2019),要求保证桥面铺装和钢桥面板在使用过程中始终为一个整体,此时要求铺装面的纵肋间的相对位移要在 0.4mm 以下。因此,需对钢桥面铺装肋间挠度进行验算。肋间相对位移示意图如图 4-8 所示。

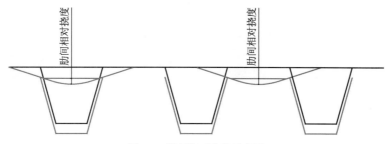

图 4-8 肋间相对位移示意图

对表 4-3 和图 4-9 分析可知:低温条件下肋间相对位移为 0.09mm,高温条件下为 0.32mm,均不超过规范要求 0.4mm。但随着温度的升高,铺装层模量降低,肋间相对位移成倍增大,高温时刚柔复合型铺装肋间相对挠度明显高于双层环氧结构,即铺装整体结构刚度随温度升高而降低。

不同温度条件下铺装肋间相对位移   表 4-3

温度(℃)	结构方案	"浇注+环氧"模量组合(MPa)	肋间相对位移(mm)
5	浇注+环氧	15000+15000	0.09
25		3000+3000	0.157
70		50+1000	0.318
70	双层环氧	1000+1000	0.238

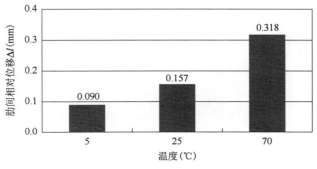

图 4-9 "浇注+环氧"肋间相对位移

4.1.3 极端荷载与温度耦合作用下铺装受力特性

1) 极端荷载作用下刚柔复合型铺装力学响应

考虑到超载、上下坡段车辆制动作用等极端荷载条件对铺装层受力产生不利影响,因此考虑超载 50% 及制动条件下 50% 的水平力荷载与温度耦合作用下铺装层力学特性,变化规律如图 4-10 所示。

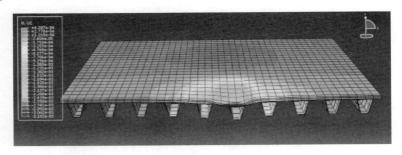

图 4-10 超载作用下铺装层变形云图

根据 50% 超载及 50% 水平力极端荷载与温度耦合作用下铺装受力特性计算结果,由图 4-11 可以看出:

(1) 极端荷载作用下铺装层的纵横向拉应力应变变化规律与标准荷载作用下一致。

① 低温和常温条件下,环氧层顶 σ_{11} 分别为 2.268MPa 和 1.579MPa;环氧层顶 ε_{11} 分别为 160με 和 512με,同比标准轴载作用下增大 50%,因此极端荷载条件下铺装层更易开裂;

② 高温条件下,环氧层顶 σ_{33} 高达 1.702MPa、ε_{33} 高达 1773με,同比标准荷载作用下增大 1 倍,更易产生横向开裂。

(2) 高温条件下竖向位移达到 3.2mm,同比标准轴载作用下增大 52%,可见极端荷载与高温耦合作用对铺装竖向变形影响显著,更易产生车辙类病害或竖向剪裂。

(3) 高温、极端荷载耦合作用下,肋间相对位移达到 0.46mm,超过规范要求的 0.4mm,因此,应控制超载、重载交通,并做好铺装层高温预防性养护工作。

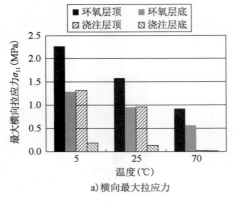
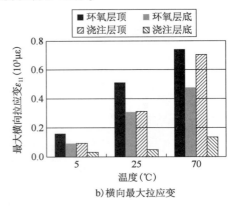

a) 横向最大拉应力　　　　b) 横向最大拉应变

图 4-11

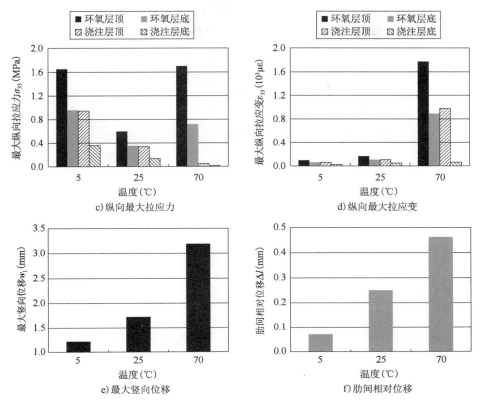

图 4-11 极端荷载与温度耦合条件下铺装力学响应

2）不同铺装结构受力特性对比分析

由于高温条件下刚柔复合型铺装结构下层浇注明显变软（图 4-12），与传统双层环氧铺装结构受力特性（图 4-13）有很大不同，因此，本节通过模拟计算，对比分析高温条件下刚柔复合型铺装结构与双层环氧铺装结构的应力应变特性。选取纵向最大拉应力 σ_{33}、最大拉应变 ε_{33} 及肋间相对位移 Δl 为力学分析指标，计算结果见表 4-4。

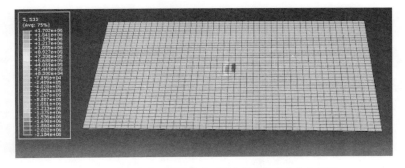

图 4-12 高温条件下刚柔复合型铺装纵向拉应力分布云图

由表 4-4 可以得出：高温条件下，刚柔复合型铺装结构的上层环氧的应力应变水平及变形明显高于双层环氧铺装结构。

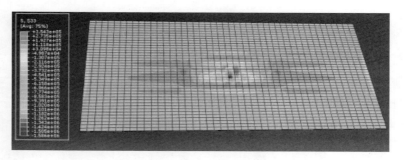

图 4-13 高温条件下双层环氧铺装纵向拉应力分布云图

不同铺装结构应力应变对比　　　　　　　　　　表 4-4

铺装结构	模量组合(MPa)	σ_{33}(MPa)	ε_{33}($10^3\mu\varepsilon$)	Δl(mm)
浇注+环氧	50+1000	1.702	1.773	0.463
双层环氧	1000+1000	0.354	0.484	0.363

(1) 刚柔复合型铺装结构的纵向最大拉应力、应变分别高达 1.702MPa 和 1773$\mu\varepsilon$，分别为"双层环氧"的 4.8 倍和 3.7 倍；

(2) 刚柔复合型铺装结构的肋间相对位移为 0.46mm，为"双层环氧"的 1.3 倍。

因此，高温条件下，相比双层环氧铺装结构，刚柔复合型铺装结构的上层环氧受力条件更不利，更易产生横向开裂，但下层浇注式整体受力状况较好。

4.2 基于破损状况下的刚柔复合型铺装受力特性分析

根据现场调研及类似环氧沥青铺装典型病害类型，泰州大桥刚柔复合型铺装轮迹带位置上层环氧出现纵向开裂和层间脱空病害，此外施工期横向接缝修补后出现二次开裂情况，根据环氧铺装病害发展规律分析，若不及时处治，在车辆荷载反复作用下，易发展成为坑槽类病害。因此需重点对刚柔复合型铺装纵横向开裂、层间脱空及坑槽状况下的铺装受力特性进行力学模拟分析，探究铺装破损状况下的性能衰变情况。

4.2.1 基于上层环氧横向开裂的铺装受力特性

1) 环氧层开裂后铺装层受力特性

结合 4.1 节计算，高温极端条件下上层环氧易产生横向开裂，且环氧为热固性材料，开裂后裂缝不可自愈合且不断发展；而下层浇注式模量显著降低、铺装层明显变软，且浇注式材料具有自愈合能力，因此本章节模拟上层环氧横向开裂情况下铺装层受力状况及病害发展规律。

考虑上层环氧开裂，裂缝发展初期缝宽为 2mm 和后期缝宽为 10mm 两种极端条件下，铺装层间受力状况。选取夏季极端高温季节，环氧铺装层模量为 1000MPa、浇注层模量为 50MPa 进行计算。荷载作用位置在节点 2~6 之间，见图 4-14，计算节点 1~7 的竖向位移。环氧层开裂后荷载作用下铺装变形示意如图 4-15 所示。

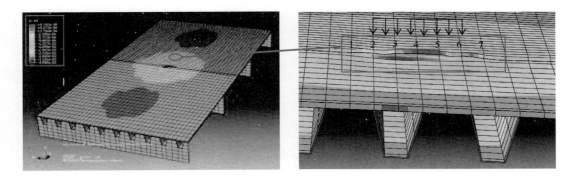

图 4-14　基于环氧层开裂的铺装层力学响应云图

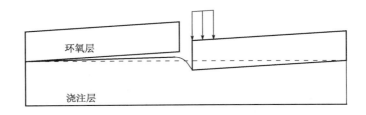

图 4-15　铺装变形示意图

根据断裂力学理论,裂缝扩展的主要形式有以下三种:撕裂、剪裂、拉裂,见图 4-16。

图 4-16　裂缝开裂模式

根据表 4-5 及图 4-17,对比不同缝宽的铺装竖向变形计算结果可见:

(1)缝宽变化对铺装各层竖向位移影响不大。

(2)由于高温条件下,下层浇注式明显变软,上层环氧与下层浇注式协调变形能力降低,单次荷载作用下,铺装层间脱空高度最大达到 4.1mm。

(3)浇注层竖向位移达到 3.4mm,在荷载反复作用下,易产生车辙。

(4)上层环氧在 U 肋侧板顶部出现反拱,反拱高度为 1mm。这是因为夏季上层环氧强度相对降低,同时为主要承重层,应力应变水平高,再加上裂缝处存在应力集中现象,横向拉应力高达 6.823MPa,多种因素耦合作用下导致推挤,产生轻度反拱。

(5)上层环氧反拱、层间脱空位置,在车辆荷载作用下易被压断,即根据断裂力学理论,在 U 肋侧板顶部产生纵向剪裂;进而在车辆荷载反复作用下被压碎,逐渐发展为坑槽。

荷载位置铺装层节点竖向位移 表 4-5

缝宽(mm)	层位	荷载位置各层竖向位移(mm)						
		节点1	节点2	节点3	节点4	节点5	节点6	节点7
10	上层环氧	−0.650	−0.407	0.286	1.025	0.982	0.382	−0.463
	下层浇注	−1.130	−2.475	−3.419	−3.061	−2.742	−1.713	−0.946
	位移差	−0.480	−2.068	−3.705	−4.085	−3.723	−2.095	−0.483
2	上层环氧	−0.587	−0.465	0.111	0.920	0.811	0.329	−0.399
	下层浇注	−1.129	−2.544	−3.554	−3.187	−2.875	−1.780	−0.945
	位移差	−0.542	−2.079	−3.665	−4.108	−3.686	−2.109	−0.546
变化率(%)	上层环氧	10.70	−12.37	157.43	11.35	21.08	16.03	16.06
	下层浇注	0.07	−2.70	−3.81	−3.97	−4.65	−3.74	0.11

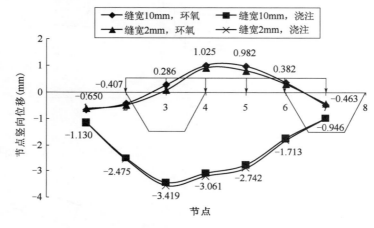

图 4-17　荷载位置铺装层节点位移

2) 环氧层开裂前后铺装层受力特性对比

通过对比分析环氧层开裂前后铺装各层的应力应变和竖向变形特性(图 4-18),进一步分析开裂后上层环氧和下层浇注可能产生的病害类型。

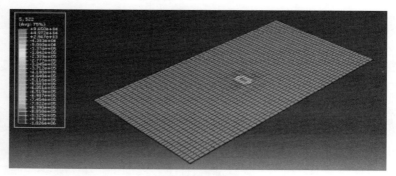

a) 上层环氧开裂前

图　4-18

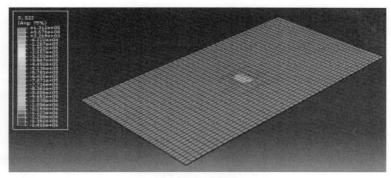

b) 上层环氧开裂后

图 4-18　下层浇注式竖向压应力分布云图

根据表 4-6 和图 4-19,对比上层环氧开裂前后铺装各层竖向压应力应变和位移变化规律:

(1) 上层环氧开裂后,环氧层底竖向压应力集中,高达 4.709MPa,较开裂前显著增大近 5 倍;浇注层竖向压应力为 1.416MPa,增大 40% 左右,开裂位置下层浇注存在应力集中现象,易产生高温稳定性不足等问题。

(2) 上层环氧开裂后,环氧层顶和层底竖向压应变达到 3422$\mu\varepsilon$ 和 2418$\mu\varepsilon$,较开裂前显著增大 3.4 倍和 1.5 倍。

(3) 上层环氧开裂前后,浇注层竖向压应变水平均较高,开裂后浇注层顶和层底竖向压应变达到 22770$\mu\varepsilon$ 和 23410$\mu\varepsilon$,较开裂前显著增大 30% 和 37%。

(4) 环氧层开裂后,肋间相对位移达到 0.47mm,较开裂前增大 2%,钢箱梁组合结构更易开裂;环氧层竖向位移增大到 7.5mm,较开裂前的 3.2mm 显著增大 1.35 倍,极易被压断。

开裂前后铺装各层竖向压应力应变　　　　　表 4-6

工　况	层　位	σ_{22}(MPa)	$\varepsilon_{22}(10^3\mu\varepsilon)$	w_1(mm)
开裂前	环氧层顶	1.599	0.771	3.193
	环氧层底	0.836	0.960	3.173
	浇注层顶	1.026	17.470	3.173
	浇注层底	1.021	17.046	2.486
开裂后	环氧层顶	1.651	3.422	7.310
	环氧层底	4.709	2.418	7.480
	浇注层顶	1.416	22.770	3.419
	浇注层底	1.405	23.410	2.539
变化率(%)	环氧层顶	3.28	344.07	128.92
	环氧层底	463.08	151.88	135.76
	浇注层顶	38.01	30.34	7.75
	浇注层底	37.67	37.33	2.13

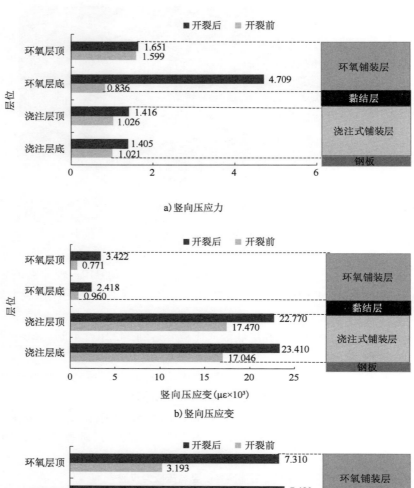

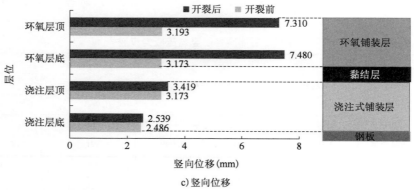

图 4-19 开裂前后应力应变随层位分布规律

4.2.2 基于上层环氧纵向开裂的铺装受力特性

现场调研发现,泰州大桥刚柔复合型铺装上层环氧轮迹带位置出现 1m 长的纵向裂缝,由于环氧为热固性材料,开裂后裂缝不可自愈合且不断发展;而下层浇注式高温模量显著降低、铺装层明显变软,且浇注式材料具有自愈合能力,因此本章节模拟上层环氧纵向开裂情况下铺装层受力状况及病害发展规律。

通过对比分析环氧层纵向开裂前后铺装各层的应力应变和竖向变形特性,进一步分析开裂后上层环氧和下层浇注可能产生的病害类型。考虑上层环氧纵向开裂,裂缝发展长度为1m和3m两种条件下,铺装层间受力状况。选取夏季极端高温季节,环氧铺装层模量为1000MPa、浇注层模量为50MPa进行计算。计算结果云图见图4-20,计算结果如表4-7所示。变化规律如图4-21所示。

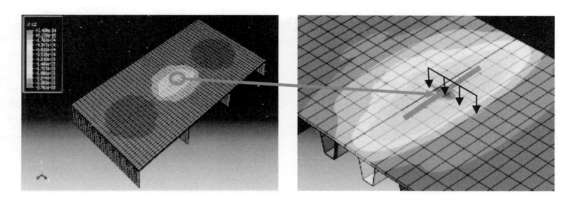

图4-20 基于环氧层纵向开裂的铺装层力学响应云图

开裂前后铺装各层竖向压应力应变　　　　表4-7

裂缝长度(m)	层位	横向拉应力(MPa)	纵向拉应力(MPa)	横向剪应力(MPa)	纵向剪应力(MPa)	竖向压应力(MPa)	挠度(mm)
0	环氧层顶	0.921	1.702	0.433	0.486	1.599	0.433
	环氧层底	0.225	0.717	0.836	0.254	0.383	
	浇注层顶	0.021	0.047	0.148	0.32	1.026	
	浇注层底	0.017	0.017	0.149	0.371	1.026	
1	环氧层顶	1.292	1.78	0.286	0.177	1.927	0.490
	环氧层底	2.041	1.679	0.999	0.591	1.021	
	浇注层顶	0.034	0.037	0.122	0.287	1.088	
	浇注层底	0.018	0.021	0.142	0.325	1.088	
3	环氧层顶	1.407	1.79	0.37	0.59	1.927	0.497
	环氧层底	2.072	1.684	1.051	0.591	0.875	
	浇注层顶	0.032	0.037	0.123	0.288	1.089	
	浇注层底	0.022	0.022	0.142	0.326	1.089	

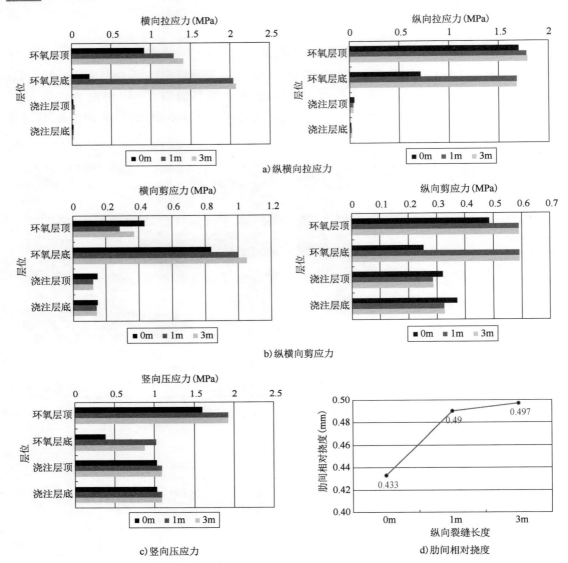

图 4-21 铺装层应力应变随纵向裂缝长度变化时层位分布规律

根据表 4-7 和图 4-21,对比上层环氧不同纵向裂缝长度的铺装各层应力应变和位移变化规律:

(1)从计算结果图可知,环氧层纵向开裂对浇注层力学特性的影响显著。

(2)上层环氧开裂 1m 状况下,环氧铺装层横向和纵向最大拉应力分别达到 2.041MPa、1.679MPa,相比未开裂状况下,均显著增大 837%、134%,且在环氧层底出现应力集中和突变现象;而后随着裂缝的继续扩展而缓慢增大。

(3)开裂破坏对环氧层底剪应力影响较大,尤其是环氧层底纵向剪应力,当裂缝长度从 0m 增加到 1m 的过程中,环氧层底横向、纵向剪应力分别增大了 19.5%、132.7%,达到 0.999MPa、0.591MPa,而后随着裂缝的继续扩展而缓慢增大。

(4)上层环氧开裂 1m 状况下,相比未开裂状况,环氧层底竖向压应力出现突变,达到 1.021MPa,增大幅度达到 166.6%;随着纵向裂缝从 1m 增加到 3m,层底竖向压应力略有减小,但相对于开裂前仍增大了 128.5%。说明开裂后环氧层竖向压应力大幅增大,导致裂缝周围区域易被压碎,发展成为坑槽等破损。

(5)上层环氧开裂 1m 状况下,相比未开裂状况,桥面板肋间相对挠度增大了 13%,达到 0.490mm,而后随着裂缝扩展到 3m,肋间相对挠度增长速率逐渐变缓,达到 0.497mm,超过规范要求的 0.4mm。由此可见,环氧层开裂使桥面系整体刚度减小,不利于桥梁结构安全。

(6)上层环氧开裂后,浇注层应力应变随之增大,存在产生车辙的风险,但其具有良好的变形性能,可起到较好的应力释放作用,延缓裂缝向下发展。

综上,环氧层一旦开裂,会在环氧层底产生应力集中现象,环氧层裂缝发展较快,裂缝周围混凝土甚至被压碎产生坑槽;而后随着裂缝长度的增加,以及浇注层的应力释放作用,应力集中逐渐得到缓解,裂缝发展趋势逐渐趋于平缓。

4.2.3 基于层间脱空的铺装受力特性

脱空病害是密级配类型桥面铺装混合料最主要的病害类型(图 4-22)。环氧沥青混凝土钢桥面铺装的脱空病害是在环氧沥青混合料铺装完成后产生的。施工期混入的水分在高温季节蒸发成为水汽,由于环氧沥青混凝土铺装的空隙率很小(<3%),且可能的空隙均为内部不连通孔,因此水汽很难挥发到铺装层外,于是逐渐形成一定的压力将铺装层顶起,形成铺装层表面的隆起现象。隆起的铺装层部分在车辆荷载的反复作用下很容易被压碎,从而形成表面的不规则裂纹。

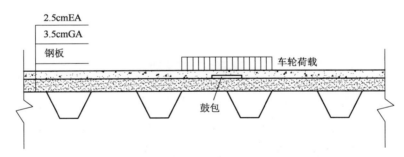

图 4-22 脱空病害示意图

采用有限元方法,模拟上层环氧脱空情况下铺装层受力状况及病害发展规律,脱空尺寸分别为 0.2m×0.2m、0.4m×0.4m、0.6m×0.6m、0.8m×0.8m、1.0m×1.0m。选取最不利工况,即夏季极端高温季节,环氧铺装层模量为 1000MPa、浇注层模量为 50MPa 且考虑超载 50% 及制动条件下 50% 的水平力荷载,以最大拉应力 σ_t、最大剪应力 τ_s、最大竖向压应力 σ_p 为力学指标,研究环氧沥青铺装层发生脱空病害时铺装结构的力学特性。脱空病害时铺装层剪应力分布云图如图 4-23 所示,脱空病害时铺装层力学响应规律见图 4-24。

从图 4-24 中可以看出:

(1)当铺装层发生脱空病害时,与未脱空相比,铺装层受到的最大拉应力显著增大,此时铺装层最大拉应力位置发生在铺装上层环氧沥青层脱空区域。随着脱空尺寸的增大,铺装层受到的最大横向拉应力及最大纵向拉应力均逐渐增大;一旦发生脱空,由于应力集中现象,铺装层拉应力发生突变,当脱空尺寸为0.2m×0.2m时,铺装层最大横向拉应力为3.292MPa,铺装层最大纵向拉应力为2.961MPa,相比于未脱空情况,分别增大了462%、74%。且随着脱空尺寸增大到1.0m×1.0m,铺装层最大横向拉应力增大到20.19MPa,铺装层最大纵向拉应力为17.23MPa,此时铺装层在夏季高温条件下受到重车作用时,脱空顶面受拉易开裂。

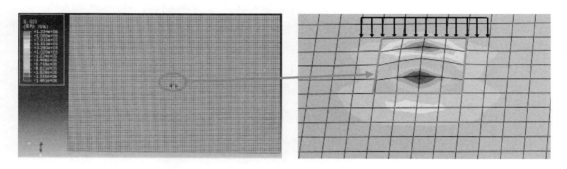

图 4-23 脱空病害时铺装层剪应力分布云图(0.4m×0.4m)

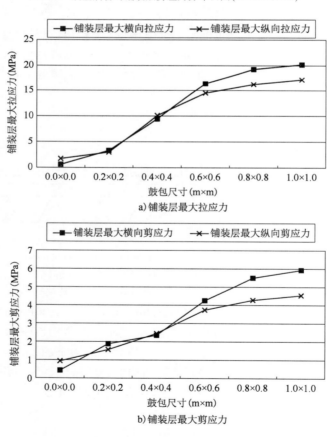

a) 铺装层最大拉应力

b) 铺装层最大剪应力

图 4-24

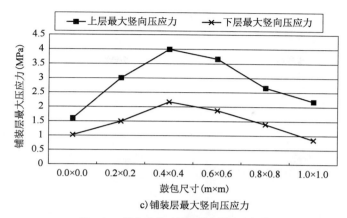

图 4-24 脱空病害时铺装层力学响应规律

（2）当铺装层发生脱空病害时，铺装层受到的最大剪应力显著增大，此时铺装层最大剪应力出现在环氧沥青层脱空区域。随着脱空尺寸的增大，铺装层受到的最大横向剪应力及最大纵向剪应力均逐渐增大。当脱空尺寸从 0m×0m 增大到 1.0m×1.0m 时，铺装层最大横向剪应力增大到 5.926MPa，最大纵向剪应力增大到 4.535MPa，相比于未脱空情况，分别增大了 1281%、384%。通常环氧沥青混合料的抗剪强度为 1MPa 左右，此时铺装层在夏季高温条件下受到重车制动力作用时，铺装层受到的抗剪强度超过混合料容许抗剪强度，发生极限开裂破坏。

（3）当铺装层发生脱空病害时，铺装上下两层受到的竖向最大压应力均呈现先增大后减小的规律，且脱空尺寸临界值为 0.4m×0.4m，即当脱空尺寸小于 0.4m×0.4m 时，铺装上下层受到的竖向压应力随脱空尺寸增大而增大；当脱空尺寸大于 0.4m×0.4m 时，铺装上下层受到的竖向压应力随脱空尺寸增大而减小，所以当环氧沥青铺装层发生脱空病害时，脱空尺寸发展到 0.4m×0.4m 时其上下铺装层受到的竖向压应力达到峰值，分别为 3.992MPa、2.166MPa，相比于未脱空情况，分别增大了 150%、112%。

综上所述，脱空病害对铺装层的受力造成极为不利的影响，如不及时进行处理，在行车荷载作用下被压裂压碎，最终将发展成为铺装层的局部塌陷坑洞病害。

4.2.4 基于上层环氧坑槽病害的铺装受力特性

在水的侵蚀和行车的作用下，铺装层裂缝松散等病害如果不及时处治，会最终发展为坑槽病害（图 4-25），并对铺装层结构及钢板结构安全性、行车安全及舒适性造成严重影响。

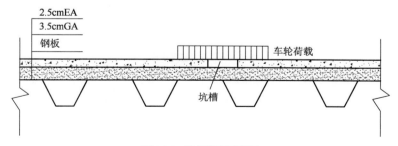

图 4-25 坑槽病害示意图

采用有限元方法,模拟计算铺装上层环氧发生坑槽病害时的受力特性。选取最不利工况,即夏季极端高温季节,环氧铺装层模量为1000MPa、浇注层模量为50MPa,分析考虑超载50%及制动条件下50%的水平力荷载下环氧沥青铺装层发生坑槽病害时铺装结构的力学特性,以最大拉应力 σ_t、最大剪应力 τ_s、最大竖向压应力 σ_p 为力学指标,研究发电坑槽病害时铺装结构的力学特性。坑槽病害时铺装层拉应力分布云图如图4-26所示,坑槽病害时铺装层力学响应规律见图4-27。

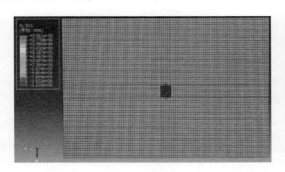
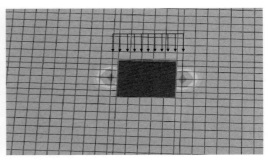

图4-26 坑槽病害时铺装层拉应力分布云图(0.5m×0.5m)

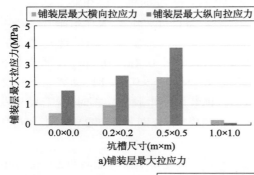
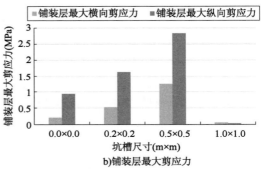
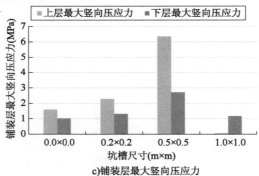

图4-27 坑槽病害时铺装层力学响应规律

从图4-27中可以看出:

(1)当铺装层发生坑槽病害时,铺装层受到的最大拉应力显著增大,且随着坑槽尺寸增大,其受到的横向及纵向拉应力均增大,当坑槽尺寸为0.5m×0.5m时,其受到的横向及纵向拉应力分别增大了309%、130%。则坑槽区域铺装易发生受拉开裂,并进一步发展,直至完全失去铺装层的功能。

(2) 当铺装层发生坑槽病害时,铺装层受到的最大剪应力显著增大,当坑槽尺寸为 0.5m×0.5m 时,其受到的横向及纵向剪应力分别增大了 495%、202%。在考虑 50% 水平制动力情况下,铺装层间剪应力总大于铺装层与钢板间剪应力,且纵向剪应力大于横向剪应力。说明伴随坑槽病害,重车频繁制动容易导致铺装层间产生纵向滑移病害。

(3) 当铺装层发生坑槽病害时,与无病害相比,铺装上下两层受到的竖向最大压应力均呈现增大的规律,且随着坑槽尺寸增大到 0.5m×0.5m 时,铺装上层和下层受到的竖向压应力分别增大了 452%、153%。说明铺装层在坑槽区域,受到行车荷载作用,铺装上层环氧易被压碎,铺装下层浇注式沥青会产生车辙,导致其坑槽有继续发展的趋势,直至完全失去铺装层的功能。

综上所述,当铺装层发生坑槽病害时,在行车荷载作用下会导致铺装层继续产生一系列病害,如不及时进行处理,最终将发展至铺装层功能的完全丧失状态。

4.3 刚柔复合型铺装破坏机理试验验证

根据力学模拟计算和疲劳损伤理论分析结果,刚柔复合型铺装使用 8 年左右,上层环氧先达到疲劳损伤状况,而下层浇注式可达到 15 年以上使用寿命,因此可以依托室内试验对铺装病害发展模式进行分析。由于刚柔复合型铺装受力特性温度敏感性高,因此分别对高温和低温条件下的铺装破坏机理和模式进行试验验证。

4.3.1 低温条件铺装破坏机理及模式

由于钢桥面铺装结构负弯曲处易出现疲劳开裂等病害,因此本节根据泰州大桥铺装材料组成和结构厚度成型"14mm 钢板 +35mm 浇注 +25mm 环氧"复合件,试件宽 10cm,长 30cm。标准养生,采用弯曲试验(图 4-28),模拟分析常温和低温条件下刚柔复合型铺装破坏形式和病害发展模式,并与类似铺装"14mm 钢板 +40mm 浇注 +35mm 高弹"进行对比分析。试验温度为 25℃,采用压力机对复合件进行 1h 弯曲试验,分析复合件破坏模式及发展规律,以及应变变化情况。

图 4-28 刚柔复合型铺装弯曲试验

刚柔复合型铺装弯曲试验破坏发展及应变变化规律如表 4-8 和图 4-29～图 4-30 所示，不同铺装结构弯曲试验破坏形式如图 4-31 所示，试验结果表明：

（1）从弯曲试验复合件破坏过程可以看出：刚柔复合型铺装弯曲应变达到 40000με 左右时，上层环氧表面开始出现开裂，随后浇注层表面开始开裂，上下层铺装裂缝进一步发展至贯通，最后发展至防水黏结层顶面。铺装顶面裂缝宽度约为 3～7mm，并由铺装顶面到铺装底面逐渐变窄。

（2）弯曲应变达到 97644με 时，防水黏结层仍未出现开裂现象，可见防水黏结层材料具有较好的变形性能和抗裂性能，具有良好的防水性能，保护钢板免受雨水锈蚀，并能与钢板协同变形，起到较好的保护钢板的作用。

（3）当"浇注＋高弹"复合件破坏应变达到 42173με 时，最终破坏模式为支点处出现约 1.5cm 深的压陷，集料松散，并逐渐发展出微裂纹，最终以结构失稳性破坏为主。

弯曲试验刚柔复合型铺装病害及应变变化规律　　　　表 4-8

序　号	阶　段	挠度（mm）	应变（με）
1	环氧表面开裂	3.4	40290
2	浇注表面开裂	3.84	45504
3	上下层裂缝贯通	5.24	62094
4	开裂至防水黏结层顶部	8.24	97644

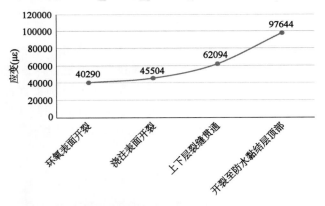

图 4-29　刚柔复合型铺装弯曲试验破坏发展及应变变化规律

4.3.2　高温条件铺装破坏机理及模式

结合泰州大桥现场调研情况，铺装轮迹带位置开始出现纵向疲劳裂缝；且力学模拟计算结果也验证高温季节，上层环氧较双层环氧更易产生开裂。因此，本节通过带缝车辙试验对上层环氧铺装出现开裂后的性能衰变状况进行分析。

（1）带缝车辙试验方案

按标准成型复合件车辙试件，然后沿轮迹带位置预切纵向裂缝，通过高温动稳定度试验对带缝试件抗车辙性能进行评价，上层环氧预切纵缝后的复合件如图 4-32 所示。

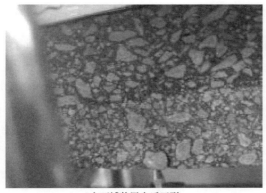
a) 上下铺装层先后开裂

b) 上下层裂缝进一步发展

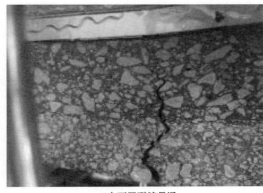
c) 上下层裂缝贯通

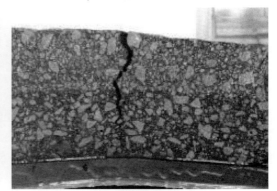
d) 裂缝发展至防水黏结层顶面

图 4-30　刚柔复合型铺装弯曲试验破坏发展规律

a) 浇注+环氧

b) 浇注+高弹

图 4-31　不同铺装结构弯曲试验破坏形式

(2) 带缝车辙试验结构分析

根据轮载作用于裂缝正上方、裂缝一侧两种不同位置的试验结果(图 4-33),并与未开裂情况下的动稳定试验结果对比(表 4-9),可以看出:

① 原"浇注 + 环氧"结构 60℃ 动稳定度为 21724 次/mm;

② 当轮载作用于纵向裂缝正上方时,复合件 60℃ 动稳定度降低到 3405 次/mm,为未开裂

状态的 15.7%；且车辙板出现较明显的压弯下挠现象，裂缝宽度顶部变窄、底部变宽，这与下层浇注式高温强度低、易变形有关；

③但高温条件下浇注层以其良好的变形性能，达到较好的应力释放效果，且具有良好的自愈合性能，从而延缓裂缝向下发展；

④当轮载作用于裂缝一侧时，则动稳定度为 1504 次/mm，为未开裂状态的 6.9%，下层浇注式产生明显车辙，深度约 7mm；

⑤总体上，无论轮载位于裂缝上方还是一侧，上层环氧开裂后，铺装高温稳定性明显下降，下层浇注式可能产生车辙类病害；但同时浇注层具有良好的变形性能，可抑制裂缝过快发展。

图 4-32 预切裂缝复合件

a)复合件压弯(轮载位于裂缝正上方)　　　　b)浇注车辙(轮载位于裂缝一侧)

图 4-33 预切裂缝复合件车辙试验

上层环氧开裂后车辙动稳定度试验 表 4-9

试件		试验温度(℃)	动稳定度[(次/mm)]
未开裂试件		60	21724
上层预切纵缝	轮载作用于裂缝正上方	60	3405
	轮载作用于裂缝一侧	60	1504

4.3.3 铺装复合结构四点弯曲疲劳性能

对"浇注+环氧"刚柔复合型铺装结构的疲劳性能进行试验评估,采用标准尺寸进行 800με、1200με 高应变疲劳试验均超设备量程,故设计小尺寸试件[长(380mm±6mm)×宽(40mm±2mm)×高(40mm±2mm)]进行试验,同时与"浇注+高弹"复合浇注式疲劳性能进行对比(图4-34)。

a)"浇注+环氧"复合结构

b)"浇注+高弹"复合结构

图4-34 四点弯曲疲劳试件

（1）试验参数

控制应变为400με、800με 和1200με,加载形式参考 SHRP M-009,选用无间歇时间的半正弦波,加载频率为10Hz,试验温度为15℃。试验参数如表4-10所示。

四点弯曲疲劳试验参数　　　　表4-10

项　　目	参　　数
试件尺寸(长×宽×高)	380mm×40mm×40mm/380mm×63mm×50mm
加载频率	10Hz
试验温度	15℃
控制应变	400με、800με 和1200με
加载形式	参考 SHRP M-009,选用无间歇时间的半正弦波

（2）复合结构四点弯曲疲劳性能

复合结构四点弯曲疲劳性能试验结果见表4-11,"浇注+环氧"和"浇注+高弹"复合结构模量衰减曲线分别如图4-35、图4-36所示,由图表可知:

①当加载应变水平为400με 时,采用380mm×63mm×50mm 尺寸的标准试件。"浇注+环氧"和"浇注+高弹"加载次数均达到100万次,"浇注+环氧"抗弯刚度基本未下降,累计耗散能964.276MJ/m³;"浇注+高弹"抗弯刚度下降77.75%,累计耗散能844.949MJ/m³。

②当加载应变水平为800με 时,采用380mm×40mm×40mm 小尺寸试件。"浇注+环氧"加载次数100万次,抗弯刚度下降至51.85%,累积耗散能2054.187MJ/m³;"浇注+高弹"则加载次数95450次,抗弯刚度下降至50%,累积耗散能260.634MJ/m³。

③当加载应变水平为1200με 时,采用380mm×40mm×40mm 小尺寸"浇注+环氧"试件,

加载次数约 277450 次,抗弯刚度下降至 50%,累积耗散能 1416.009MJ/m³。

复合结构四点弯曲疲劳试验结果　　　　表 4-11

试件	应变（με）	初始刚度（MPa）	终止刚度（MPa）	模量下降（%）	累积耗散能（MJ/m³）	疲劳寿命（次）	试件情况
浇注+环氧	400	10594	10817	102.10	964.276	1000000	未损坏
	800	4575	2372	51.85	2054.187	1000000	未损坏
	1200	4228	2114	50.00	1416.009	277450	未损坏
浇注+高弹	400	5173	4022	77.75	844.949	1000000	未损坏
	800	3923	1980	50.47	260.634	95450	未损坏

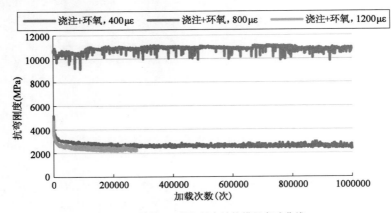

图 4-35　"浇注+环氧"复合结构模量衰减曲线

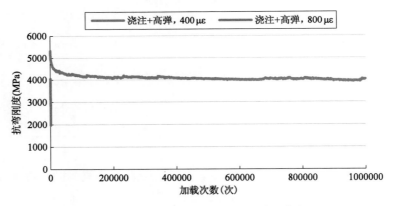

图 4-36　"浇注+高弹"复合结构模量衰减曲线

总体上,小应变条件下,"浇注+环氧"及"浇注+高弹"均具有良好的疲劳性能;大应变下,"浇注+环氧"刚柔复合型铺装的疲劳性能优于"浇注+高弹"柔性铺装结构。

4.4　小　　结

本章分析了刚柔复合型铺装破坏机理及衰变规律,主要结论如下:

(1)低温季节,刚柔复合型铺装结构受力状况相当于双层环氧结构。

(2)高温与极端荷载耦合作用下,由于下层浇注模量明显减小,上层环氧层应力应变水平显著增大;且与双层环氧结构相比,上层环氧受力更为不利,更易开裂,下层浇注式可能产生车辙,需做好高温季节的温控和制超工作。总体上,刚柔复合型铺装典型病害发展模式为"先裂后辙",即上层环氧先发生开裂,而后裂缝处应力集中,下层浇注式产生车辙,最后导致铺装整体结构性失稳破坏。

(3)结合力学模拟和室内试验,再次验证刚柔复合型铺装受力特性和破坏机理受温度影响较大。高温铺装开裂模式为"上层环氧开裂+下层浇注车辙变形,裂缝呈'上窄下宽'",下层浇注式以其良好的变形性能延缓裂缝发展;低温开裂模式为"上下层依次开裂而后贯通,裂缝呈'上宽下窄',而后到高温季节浇注式以其自愈合性能恢复结构整体性"。总体上,浇注式铺装具有良好的长寿命特性,可以满足大跨径桥梁桥面系变形协同和受力需求,且保证上层环氧不发生严重开裂,即可保证刚柔复合型铺装长期使用性能。

(4)铺装上下层为异性材料,脱空为层间典型病害,发展模式为"上层环氧铺装隆起—顶面伴随鸡爪形或环状开裂—压碎破坏"。随着层间脱空的不断发展,铺装应力应变水平不断增长,当脱空尺寸大于 $0.4m \times 0.4m$ 时,上下铺装层受到的竖向压应力达到峰值,相比于未脱空情况,分别增大了 150%、112%。此时脱空在车辆荷载的反复作用下很容易被压碎,发展为开裂坑槽病害。

(5)当环氧层出现坑槽后,铺装与轮胎接触面积变小,导致铺装应力应变水平显著增大,且在荷载冲击作用下,坑槽边缘区域易出现应力集中现象,导致上层环氧坑槽边缘被压碎,坑槽不断扩大。当坑槽扩展到一定尺寸时,荷载将直接作用于下层浇注式上,浇注层单独受力,高温情况下易出现车辙等病害。

(6)"浇注+环氧"刚柔复合型铺装疲劳寿命与柔性铺装相当,同时兼具刚性铺装的结构刚度,破坏形式为铺装整体与钢板脱离,但铺装结构整体性完好,未产生开裂等结构性疲劳破坏。

5 刚柔复合型铺装预防性养护技术

预防性养护按照1999年美国AASHTO(American Association of State Highway)规范中的定义,是一种在路面状况良好的情况下,采取的对现有道路系统进行有计划的、基于费用-效益的养护策略。预防性养护在没有提高路面结构能力的情况下,有助于延迟路面的损坏,维持或改善路面现有的通车条件,通过延长原有路面的使用寿命来推迟昂贵的大修和重建活动。但传统沥青路面预防性养护技术不适用于大跨径钢桥面铺装,目前国内针对钢桥面铺装,还未形成成熟的预防性养护的理念,缺乏有效、适用的钢桥面铺装检测判定及预防性养护技术。尤其是刚柔复合型铺装病害具有其自身特殊性,开裂是上层环氧铺装典型病害,高温稳定性不足是下层浇注式材料的固有特性决定的。

本章结合铺装不同层位典型病害类型,开发针对性的预防性养护技术,总体上建立"保柔性浇注、稳刚性环氧"的养护理念,及时恢复和提升铺装整体使用性能,延长使用寿命,化"修"为"不修"。

5.1 环氧层抗裂刚度提升技术

裂缝是环氧铺装不可避免的,尤其对于刚柔复合结构,下层浇注式在高温时段模量较低,容易产生较大变形;且上层环氧基本处于单独受力状态,应力应变较高;上层环氧一旦出现裂缝,裂缝处集中应力相对于双层环氧结构会更大,裂缝发展更迅速,下层浇注式也将出现车辙病害。

因此,对于上层环氧的裂缝养护一方面要求及时快速,将裂缝处治于萌芽阶段,另一方面要求对原铺装抗裂性能具有一定的提升作用,消除裂缝处应力集中下浇注层产生的车辙病害。另外,环氧沥青混凝土表面致密,构造深度小,影响行车安全性,需要改善其路表纹理。

5.1.1 复合型树脂薄层罩面

根据刚柔复合型结构受力特点,需提升高应力应变条件下上层环氧的抗裂性能,同时综合考虑微裂缝的预防性处治和表面抗滑性能的提升需求,开发复合型树脂薄层罩面,其结构方案如图5-1所示,具有以下特点:

(1)封层厚度薄,质量轻,基本不增加钢桥结构恒载;
(2)具有较高的构造深度和抗滑系数,不易形成水膜导致水漂,从而提高行车安全性;
(3)同时兼有较好的预防性养护效果,可以渗透并封闭环氧沥青铺装微细裂纹与空隙,恢复铺装层结构强度和承载能力,延长使用寿命,推迟大中修;
(4)有一定的强度和变形能力,与环氧沥青铺装有很好的黏结强度,施工后形成整体,使

用后不易起皮,并很好地协同钢板变形;

(5)在高应变条件下具有良好的抗裂韧性,提升上层环氧铺装的抗裂性能;

(6)施工方便,养生时间短,可以快速开放交通。

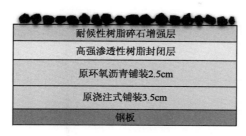

图 5-1 复合型树脂薄层罩面结构图

5.1.2 罩面材料性能研究

1)罩面树脂材料性能

从施工和易性、黏结性能、变形协调性三个方面评价渗透性树脂与耐候性树脂材料的性能,如表 5-1 所示。

罩面树脂材料性能指标　　　　表 5-1

技术指标		试验方法	单位	试验结果	
				渗透性树脂	耐候性树脂
初始黏度(23℃)		布氏黏度	Pa·s	0.6	1.5
可操作时间(23℃)		布氏黏度	min	150	50
固化时间(23℃)		拉拔	h	24	4
拉伸强度(23℃)		断裂拉伸	MPa	32.8	16.84
断裂延伸率(23℃)			%	49	28
黏结强度 (与环氧沥青铺装)	23℃	拉拔	MPa	14.65	—
	70℃	拉拔	MPa	1.56	—
黏结强度(与钢板)(23℃)		拉拔	MPa	>20	—

表中结果表明:

(1)耐候性树脂和渗透性树脂均具有较低的黏度,分别为 1.5Pa·s 和 0.6Pa·s,且具有较长的可操作时间,分别为 50min 左右和 150min 左右。两者固化时间较短,耐候性树脂常温 4h 就可以固化,而渗透性树脂 24h 即可完成固化,可以满足快速开放交通的要求。

(2)下层渗透性树脂和上层耐候性树脂在常温 23℃下的拉伸强度分别达到 32.8MPa 和 16.84MPa,断裂延伸率分别达到 49% 和 28%,都具有较高的抗裂强度和一定的变形能力。

(3)23℃下,下层渗透性环氧树脂与环氧沥青混凝土的拉拔强度为 14.65MPa,断裂面出现在树脂与混合料界面上;70℃下,环氧沥青混合料自身的抗拉拔强度降低到 1.5MPa 左右,低于铺装和养护材料的黏结强度,导致断裂面都在混合料自身内部。

2)罩面抗裂性能

采用三点小梁弯曲试验法(图 5-2)对树脂薄层罩面环氧沥青混合料试件进行弯曲试验,

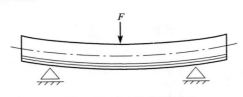

图 5-2 三点小梁弯曲试验法

测定极限弯曲强度、极限断裂应变和弯曲劲度模量,试验温度包括常温(15℃)及低温(-10℃),加载速率为 50mm/min。

不同试验条件下试件的弯拉性能结果见表 5-2。

弯拉性能试验结果　　　　　　　　　　　　表 5-2

序号	试验温度	方案	弯拉强度(MPa)	极限破坏应变($\mu\varepsilon$)	破坏时弯曲劲度(MPa)
1	15℃	无罩面	7.29	10876	670
2		一般树脂罩面	42.47	32458	1308
3		复合型树脂薄层罩面	99.62	50393	1778
4	-10℃	无罩面	15.98	5865	2724
5		一般树脂罩面	45.73	8607	3612
6		复合型树脂薄层罩面	56.17	18149	2724

表中结果表明,复合型树脂薄层罩面可大幅提升环氧沥青混合料的抗裂性能,其低温-10℃小梁弯曲应变可达到 $18149\mu\varepsilon$,弯曲破坏强度可达到 56.17MPa。

3)力学模拟

采用有限元软件 ABAQUS 对复合型树脂薄层罩面力学性能进行模拟验证,分析其模量变化对原铺装结构力学响应的影响,模量选取 3000MPa、5000MPa、7000MPa、9000MPa、11000MPa、13000MPa、15000MPa、17000MPa、19000MPa、21000MPa,荷载为标准轴载单轴双轮组 100kN,胎压为 0.7MPa。选取横向最大拉应力 σ、最大拉应变 ε 为力学分析指标。钢桥面铺装结构模型如图 5-3 所示,有限元模拟的模型参数如表 5-3 所示。

图 5-3 钢桥面铺装结构模型

有限元模拟的模型参数　　　　　　　　　　表 5-3

结构层	长度 Z(m)	宽度 X(m)	厚度 Y(m)	弹性模量(MPa)	泊松比
复合树脂薄层罩面	11.25	6	0.005	—	0.25
原铺装层	11.25	6	0.055	2000	0.25
钢桥面板	3.75×3	6	0.014	210000	0.3
横隔板	0.01	6	0.84	210000	0.3
U 形肋	11.25	0.006	0.28	210000	0.3

计算结果如图 5-4 所示。

上图结果表明:随着罩面模量增大,原环氧沥青铺装表面最大拉应力及最大拉应变显著减小。当罩面模量增大到 21000MPa 时,相比无罩面,原铺装最大拉应力及最大拉应变分别减小约66.2%、64.3%；随着罩面模量增大，罩面自身的最大拉应力显著增大，最大拉应变显著减小，当罩面模量由3000MPa增大到21000MPa时，罩面最大拉应力增大约212.6%，最大拉应变减小约53.7%。

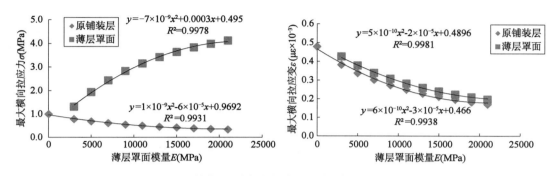

图5-4 铺装层最大拉应力/应变随罩面模量变化规律

5.1.3 试验段罩面效果

2018年12月14日对泰州大桥常泰方向行车道和重车道北塔附近铺装出现集中微裂缝位置，以及92s因火烧引起铺装表面集料裸露、出现麻面、强度衰减和局部开裂问题的位置，加铺了复合型树脂薄层罩面，见表5-4。铺设段落、复合型树脂罩面施工及罩面养生结束开放交通如图5-5～图5-7所示。

罩面铺设段落　　　　　　　　　　　　　　　　表5-4

序号	段　　落	备　　注	工程量(m²)
1	常泰方向，重车道，S92火烧段	局部起皮	36(8m×4.5m)
2	常泰方向，重车道、行车道，北塔附近	原罩面磨损、集中开裂	30(4m×8m)

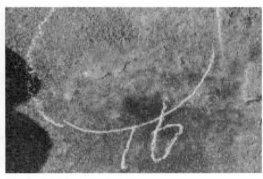

图5-5 火烧引起铺装强度不足(16～26MPa)、开裂和麻面

2019年6月和8月分别进行调研，经过长达半年以及一个高温期的通行使用，其总体使用状况良好，没有出现二次开裂、罩面起皮掉粒等问题，且铺装表面抗滑性能得到大幅提升，构造深度达到1.5mm以上，摆式摩擦系数达到70BPN以上。

图5-6 复合型树脂罩面施工

图5-7 罩面养生结束开放交通

5.2 铺装层间黏结刚度恢复和提升技术

泰州大桥铺装近年调研结果显示,铺装上层环氧与下层浇注式存在脱空病害,且有进一步发展增多的趋势;同时环氧层开裂后,上下层变形协同性能减弱,在荷载反复作用下,裂缝周围层间易脱离。根据现场检测结果可以看出,若脱空不及时进行发现处治,极易快速发展成网裂和坑槽病害。脱空的及时检测及处治属于预防性养护的范畴,及时有效地恢复铺装层间黏结性能,对于恢复和提升铺装整体结构强度、延长铺装层使用寿命、推迟昂贵的大中修具有重要的现实意义。

5.2.1 高压注浆微损养护方案

国内一些管养单位往往会采取开挖回填的矫正性养护方式进行脱空病害的修复,这种方案没有充分利用铺装上层环氧沥青混凝土剩余性能,造成了资源浪费,养护经济效益不佳。且开挖凿除旧铺装过程中还会容易伤害钢板及相邻铺装层,对于脱空修复来说反而是一种有损养护。

如何在尽可能不开挖的前提下对脱空病害进行处治,有效利用现有铺装并恢复、提升钢桥面铺装体系结构性能,对推迟矫正性养护乃至大中修具有重要意义。针对钢桥面铺装脱空病害,开发了钻孔注浆养护技术(图5-8),通过铺装层打孔并灌入环氧树脂材料,将板体较好的上层环氧铺装重新与下层浇注式黏结成整体协同工作,从而延长铺装层使用寿命,这是一种微损养护技术,规避了以往对脱空病害进行开挖回填的方式,提高了养护经济效益。

图5-8 高压注浆方案

5.2.2 高强环氧类注浆材料性能研究

如何保证所注入树脂材料在潮湿、泥浆或带灰尘界面的黏结性能是高压注浆法脱空病害修复技术能否成功的关键之一。

不同于一般半刚性基层沥青路面可以采用水泥浆或者水性高分子材料注浆，钢桥面铺装由于结构的特殊性，无法采用水性材料进行注浆。针对刚柔复合型铺装，注浆材料不仅要与上层环氧具有良好的黏结性能，同时需与下层浇注式具有良好的黏结性能，实现上层环氧铺装与下层浇注式的重新组合，从而恢复铺装的整体结构强度。

通常树脂类材料由两个组分组成，包括环氧及其固化剂，其中环氧材料呈弱极性，属于疏水性材料，而其常温胺类固化剂通常呈极性，属于亲水材料而易溶于水。因此，普通环氧树脂在有水或潮湿的钢板表面黏结性能较差，固化剂容易水解，即便采用排水及热空气干燥等措施对脱空部位进行干燥处治，但脱空位置空腔内含有大量难以干燥的锈蚀产物及泥浆，若注入的注浆材料无法与钢板及铺装层间形成良好的黏结，就无法实现脱空位置铺装的协同受力。

基于表面物理化学原理，研发高强环氧类注浆材料，选择能在高湿或水存在的条件下与环氧树脂发生反应的固化剂。该固化剂是由脂肪族多胺[如二亚乙基三胺、间苯二胺、间苯二甲胺、1,3-二(氨甲基)环己烷等]和羰基化合物(一般为酮类，如甲乙酮、甲基异丙基酮、甲基异丁基酮等)脱水缩合而来。由于该固化剂吸收水分后发生逆向反应，可生成多元胺，因此可在潮湿或水下固化环氧树脂。此外，为增加储存稳定性，须采用单环氧化合物(如苯基缩水甘油醚、丁基缩水甘油醚、烯丙基缩水甘油醚等)封闭残留的多元胺。

高强环氧类注浆材料性能如表 5-5 所示，该材料与钢板、铺装层均具有较高的黏结强度，且在钢板表面、铺装层裂缝内有水膜、灰尘等不利工况下仍能保持较高的黏结强度，进而使铺装层与钢板再次协同整体工作。

高强环氧类注浆材料技术指标　　　　　表 5-5

试验项目	试验方法	单位	数值
排水置换	水混法	min	30
与钢板黏结强度	拉拔	MPa	16.87
与钢板湿黏结强度	拉拔	MPa	14.48
与铺装层黏结强度	拉拔	MPa	14.9
带粉尘黏结强度	拉拔	MPa	16.1
与铺装层黏结强度	小梁弯曲	MPa	33
与铺装层湿黏结强度	小梁弯曲	MPa	23

1) 排水置换性能

考虑到铺装脱空位置通常容易积水，有粉尘甚至泥浆，即使在连续多日的晴天暴晒下也难以完全除去铺装脱空残存的层间水。开发的高强注浆树脂材料双组分具有较强的结合力，且通过减小固化剂的亲水性，一旦将双组分混合后水解性大幅降低，可保证固化物性能。

针对环氧类注浆材料，开发了一个简易评估树脂材料抗水解和排水置换能力的试验(图 5-9)：首先在烧杯里放置 100mL 的水，静置后缓慢倒入 120mL 高强耐水型树脂，然后静置

30min 后观察,随后采用搅棒将树脂混合物与水充分混合,再静置 30min 后观察。结果显示:

(1)由于树脂混合物相对密度可达到 1.07,静置后依靠自身重力可以很快将水从杯底置换到表面,并且置换的水较清澈,未见大量水解树脂混合物;

(2)充分搅拌后再次静置,水再次与树脂混合物分离并被置换于表面,水溶液相对浑浊;

(3)将水倒掉之后,树脂材料依然完成了较好的固化。

a)静置

b)充分搅拌后静置

图 5-9　简易排水置换试验评估

2)湿黏结性能

考虑到江苏省长江中下游地区多雨、湿度大的气候条件,环氧沥青铺装脱空处往往不能保证绝对干燥,即使对脱空铺装层底进行热鼓风干燥,也难以保证脱空病害处铺装层与钢板间的水分完全去除。因此,除了要求注浆材料具有排水置换性能以外,还需要具备较强的湿黏结性能。

(1)小梁弯曲试验评估

采用小梁弯曲试验评价了注浆材料的湿黏结性能:对折断的小梁试件新鲜断面采用湿毛巾进行擦拭,使其表面保持表干状态,并采用环氧树脂注浆材料将其重新黏合拼接,待其固化后,进行常温与低温的弯曲试验。结果如图 5-10 所示,注浆材料的湿黏结性能相比干黏结性能的衰减幅度很小,可以在水环境下完成很好的固化和黏结,具有很好的湿固性。

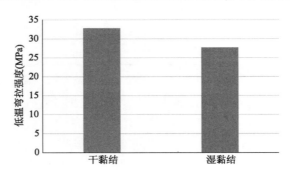

图 5-10　注浆材料湿黏结性能(低温弯曲试验)

（2）湿黏结拉拔强度试验评估

为充分模拟湿黏结性能,将环氧沥青混合料试件和浇注式沥青混合料试件表面湿润,然后再涂布热固性环氧和二次反应型热塑性注浆材料,评价界面潮湿状态下的黏结性能。注浆材料湿黏结拉拔试验和注浆材料湿黏结性能如图5-11和图5-12所示,结果表明:

①界面潮湿状态下,二次反应型树脂仍能较好地完成固化黏结。二次反应型树脂与浇注式铺装的拉拔强度为1.96MPa,约为干燥状态下的66.48%;与环氧铺装黏结强度为2.73MPa,约为干燥状态下的58.87%,且均在界面处拉脱。

②界面潮湿状态下,热固型环氧仍能较好地完成固化黏结。热固型环氧与浇注式铺装的拉拔强度为1.72MPa,约为干燥状态下的70.36%;与环氧铺装黏结强度为2.92MPa,约为干燥状态下的62.15%。

③总体上,二次反应型树脂和热固型环氧树脂与浇注、环氧铺装均具有较好的湿黏结性能。其中二次反应型树脂与浇注式的黏结强度略高于热固型环氧黏结强度;但热固型环氧黏结强度与环氧铺装的黏结强度却高于二次反应型树脂黏结强度。

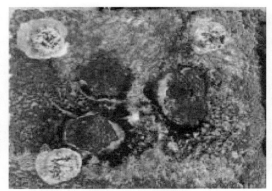
a)浇注+二次反应型环氧

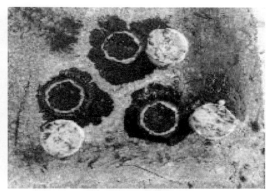
b)环氧+二次反应型环氧

图5-11 注浆材料湿黏结拉拔试验

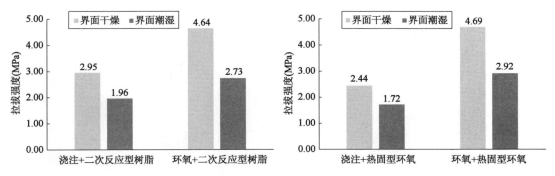

图5-12 注浆材料湿黏结性能(附着力拉拔试验)

3)抗灰尘黏结性能

考虑到脱空病害底部存在大量灰尘,甚至泥浆,且难以除尽,这势必会对高压注浆材料的黏结性能造成不利影响。为评价在脱空病害底部存在的灰尘,甚至泥浆的工况下的高压注浆

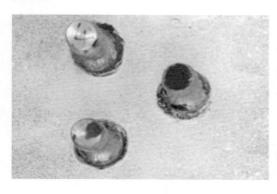

图5-13 涂布粉尘的拉拔试件

材料的修复效果,采用拉拔试验方法进行抗灰尘黏结性能的试验评估(图5-13)。试验方法为:首先在环氧沥青混凝土表面及浇注式混凝土表面撒布粉尘,粉尘涂布率为$0.1kg/m^2$和$0.2kg/m^2$,再刷涂注浆材料,然后再测试拉拔强度。

试验结果如图5-14所示:涂布一定量的粉尘后,环氧树脂与铺装的拉拔强度没有受到明显的影响,拉拔断裂面如图5-15所示,可以清晰地看到断裂界面在铺装混合料内部,表明注浆树脂具有较好的渗透性,粉尘只是充当了"集料"的作用,并没有在黏结界面处隔断注浆材料。

(1)浇注表面二次反应型树脂抗粉尘拉拔强度为2.56MPa,约为干燥洁净状态下的86.68%,环氧表面二次反应型树脂抗粉尘拉拔强度为4.39MPa,约为干燥洁净状态下的94.54%;

(2)浇注表面热固性环氧注浆材料抗粉尘拉拔强度为2.21MPa,约为干燥洁净状态下的90.57%,环氧表面热固性环氧注浆材料抗粉尘拉拔强度为4.50MPa,则约为干燥洁净状态下的95.95%。

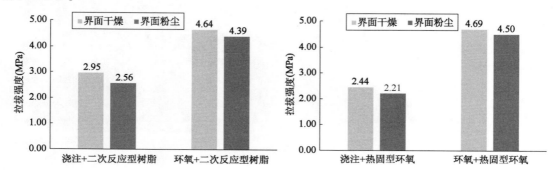

图5-14 高强耐水型树脂抗灰尘黏结强度

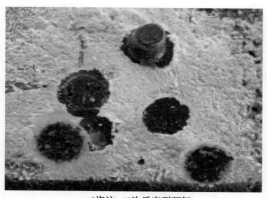

a)浇注+二次反应型环氧

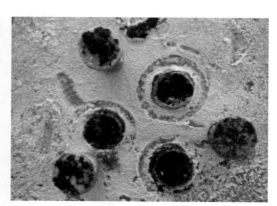

b)环氧+二次反应型环氧

图5-15 注浆材料抗粉尘拉拔试验

5.2.3 试验段高压注浆效果

2018年12月12日,采用红外热成像技术对全桥脱空进行探测确认,并对部分进行高压注浆处理,具体试验段病害处治选取位置见图5-16。

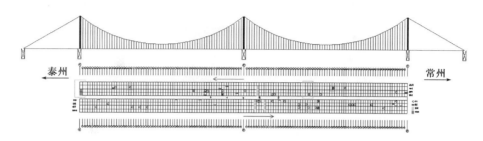

图5-16 泰州大桥钢桥面铺装病害分布图

脱空高压注浆流程如图5-17所示,脱空注浆处治完成后,通过保持长期跟踪观测显示,高压注浆对脱空病害具有较好的针对性,注浆口饱满,裂缝尖端未明显扩展,使用效果显著(图5-18)。

图5-17 脱空高压注浆流程

图 5-18　脱空注浆后效果

5.3　浇注层高温变形控制策略和技术

泰州大桥所处地理位置夏季极端高温高达39℃,铺装极端高温高达72℃以上,根据铺装高温条件下强度变化规律可见,温度过高时,刚柔复合型铺装强度急剧下降,这与浇注层高温稳定性不足的特性相关。因此,需要做好极端高温季节的控温工作,抑制铺装层温度场过高和过快增长,保证极端高温季节下层浇注式的高温稳定性。

5.3.1　极端高温晴雨天铺装温度场对比分析

结合桥面系温度监测系统,对夏季雨天铺装温度场进行分析,并与夏季晴天铺装温度场进行对比分析,气候温度均为27~36℃,分析结果如图5-19和图5-20所示。

(1)雨天铺装表面于11:00上升到60℃以上,并于12:00左右达到最高温66.7℃;12:10左右开始下雨,铺装层温度快速下降,12:55左右下降到60℃以下;而后温度快速回升至62℃左右,再次下雨,铺装温度持续快速下降,下午15:30降到37℃左右,总体上60℃以上高温持续时间约2h。

(2)晴天铺装表面于11:00上升到60℃以上,并持续增温,于14:00左右达到最高温66.3℃;而后逐步降温,15:30左右降至60℃以下,相比雨天,60℃持续高温时间约为4.5h,且温度场显著高于雨天。

(3)雨天浇注层最高温为59.1℃,且迅速下降;晴天则达到62.8℃,60℃以上持续高温时间达到2h,在此温度条件下,浇注层高温稳定性将出现明显下降,影响铺装结构总体刚度和性能。

因此,极端高温条件下,天气晴好时,可通过人工洒水降温控制铺装层温度,延缓温度持续上升并减小高温持续时间。

5.3.2　洒水降温时机

桥面系温度实时监测结果显示高温季节铺装顶面极端高温达到71.8℃,浇注层温度高达

68.2℃,铺装层强度显著降低,在重载车辆反复作用下,上层环氧受力集中,易开裂;下层浇注变软,易产生车辙,因此需要做好高温季节铺装层温度控制工作,可在合适的时机进行洒水降温,降低铺装层总体温度,并控制铺装层热能累积和温度的持续增长,降低极端高温值。

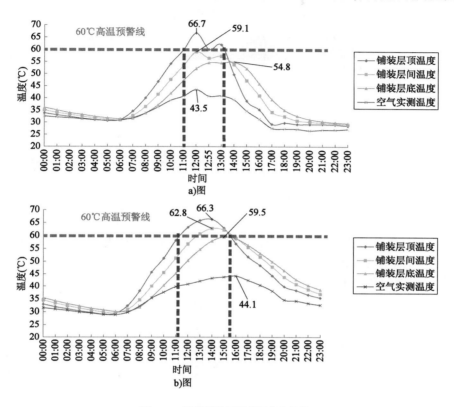

图 5-19 夏季铺装层温度场分布规律

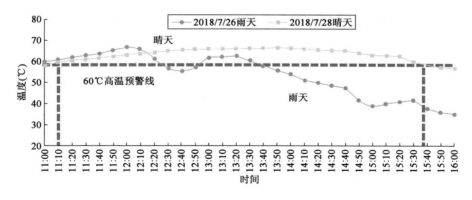

图 5-20 夏季雨天与晴天温度场对比分析

根据铺装晴雨天实测温度场变化规律,并结合气象温度和气候状况发展趋势,需在极端温度到来之前,及时洒水降温。根据桥面系极端高温季节温度检测情况可以看出,晴好天气状况下,刚柔复合型铺装上层环氧和下层浇注60℃以上的持续高温时段主要集中在11:30—15:30、13:00—16:00;自然降雨可使铺装温度快速降低7~8℃,而后1h内将回升至原温度。

因此,为避免温度上升至60℃以上,需从10:00铺装温度达到55℃之前开始洒水降温,按照每1~2h一次的频率进行洒水,其中12:00—14:00为铺装层极端高温出现时段,应适当加大洒水频率。洒水降温频率如表5-6所示。

洒水降温频率表　　　　　　　　　　　　　　　　　　　　　　　　　　表5-6

时间段	洒水频率(次)
10:00—12:00	1~2
12:00—14:00	2~3
14:00—16:00	1~2

5.3.3　试验段洒水降温效果

(1)2017年洒水降温效果

2017年7月27日对桥面铺装进行洒水降温,分别在中午13:00和14:00对铺装进行两次洒水降温,洒水后铺装层温度曲线如图5-21所示。铺装层总体温度基本控制在65℃以下,并控制了铺装层温度的持续增长,铺装层温度降低3~5℃。

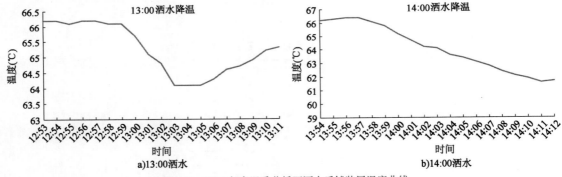

a)13:00洒水　　　　　　　　　　　b)14:00洒水

图5-21　2017年高温季节桥面洒水后铺装层温度曲线

(2)2018年洒水降温效果

2018年8月7—10日极端高温季节,对泰常方向重车道和应急车道进行洒水降温,洒水降温时间如表5-7所示,并通过现场铺装钢箱梁内部温度传感器实时监测降温效果。

泰州大桥重车道和应急车道洒水降温时间　　　　　　　　　　　　　　表5-7

日期	时间												
8月7日	10:00	12:00	14:00	16:00									
8月8日	10:00	11:30	13:00	14:30	16:00								
8月9日	10:00	11:00	12:00	13:00	14:00	15:00	16:00						
8月10日	10:00	10:30	11:00	11:30	12:00	12:30	13:00	13:30	14:00	14:30	15:00	15:30	16:00

2018年8月份,连续四天对泰常方向重车道及应急车道进行洒水降温,路表空气温度均为29~44℃。夏季高温天气人工洒水后各测点温度分布规律和人工洒水降温效果对比分别如图5-22和图5-23所示,通过现场温度监测发现:每次洒水能使铺装层表面的温度急剧降低5~15℃;且洒水后浇注层表面温度均在55℃以下,而未洒水时浇注层表面超过60℃的高温持续3h左右,即通过洒水,浇注层温度最大可降低7℃。可见人工洒水对铺装层的降温作用是显著的,可有效避免浇注层出现超过60℃的持续高温现象。

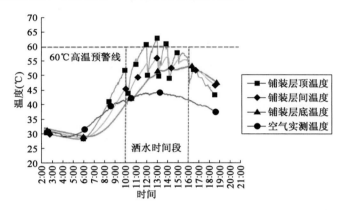

图 5-22　夏季高温天气人工洒水后各测点温度分布规律

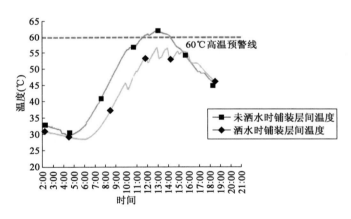

图 5-23　夏季高温天气人工洒水降温效果对比

5.4　小　　结

本章针对刚柔复合型铺装面临刚度提升和变形控制需求,开展了刚柔复合型铺装预防性养护技术研究,主要结论如下:

(1)为了提升环氧层抗裂性能,专门开发了复合型树脂薄层罩面,其主要由高强渗透性树脂封闭层和耐候性树脂碎石增强层组成,总厚度为3~5mm,具有良好的裂缝封闭效果,铺装抗裂性能可提升3~5倍;并可改善铺装表面抗滑性能,提高行车安全舒适性。

（2）针对双层异性材料层间黏结刚度恢复需求，专门开发了高强环氧类注浆材料，其在存在适量水分、灰尘的条件下与环氧沥青和浇注式均具备良好的黏结性能，可有效恢复铺装层间黏结性能和铺装结构整体性。

（3）为抑制极端高温季节铺装产生车辙变形，建立高温季节洒水控温机制，10:00—16:00按照1~2次/h的频率洒水，控制铺装层温度持续上升，铺装极端温度可降低5~15℃，同时期间需做好治超管理。

6 刚柔复合型铺装小修保养技术

当环氧沥青桥面铺装裂缝发展到一定程度，不适合采用罩面方式对裂缝进行封闭，需要采用专门的灌缝技术和材料对裂缝进行封闭。环氧沥青铺装层属于热固性材料，其坑槽破坏机理与热塑性沥青路面存在本质的差异。铺装出现的坑槽病害处治不当，在荷载、雨水等多因素影响下将迅速向四周扩展；处治好环氧沥青铺装层坑槽病害，不仅可以减缓病害大面积扩展的速率，而且可以延长整个铺装层的使用寿命。

本章针对局部裂缝，重点开发高强热塑性灌缝材料，恢复铺装结构整体性和抗裂性能。同时针对铺装可能出现的坑槽等问题，提出了原结构恢复理念，重点开发了浇注小球预制重熔快速修补技术和材料，实现局部坑槽快速、分层处治。

6.1 裂缝快速修复关键技术

当环氧裂缝发展到一定程度，单纯采用预防性养护无法有效封闭裂缝时，可以采用人工灌缝的方式解决铺装层的防水和结构强度恢复的问题。结合刚柔复合式钢桥面铺装裂缝破坏形式、分布的位置、裂缝宽度、开裂深度及层位等特点研发新型高强树脂灌缝材料，实现快速灌缝、有效恢复铺装结构强度和抗裂性能，形成标准施工工艺。

刚柔复合型铺装裂缝修补技术需满足"分层处治"的基本原则，材料需满足"高强、快速固化和耐久"的基本指标，主要技术要求分析如下：

（1）灌缝材料具有足够的强度和变形性能，具有与环氧沥青铺装较高的黏结性能及恢复刚柔复合型铺装的整体结构强度，自身具有较高的抗裂性；

（2）要求环氧层裂缝处治不影响下层浇注式沥青的自愈合性能；

（3）环氧沥青铺装的裂缝通常是毫米级宽度，要求灌缝材料具有较高的渗透性，对微细裂缝有可灌性；

（4）有一定的湿固性和耐湿性，在缝壁不完全干燥状态下，仍可以完成固化，并具有较好的黏结性能；

（5）施工方便，养生时间短，可以满足当天养护当天开放交通的要求。

6.1.1 裂缝处治技术

根据刚柔复合型铺装结构特点，基于分层及分级灌缝的理念，根据开裂层位和深度选取修补方案和灌缝材料。

1）针对开裂仅限于上层环氧沥青铺装层的情况

采用高强树脂类材料进行灌缝，并根据开裂程度选择直接灌缝或开槽灌缝方案，如图6-1所示。

图 6-1 高强树脂灌缝(上层环氧开裂)

2)针对开裂出现在下层浇注式层或上下层贯穿开裂的情况

（1）若上层环氧裂缝周围出现混凝土松散，先将上层环氧层开槽至上下铺装层间，采用沥青类材料对下层浇注式裂缝进行处治，再采用高强树脂砂浆类材料对上层环氧层进行灌缝，恢复上层环氧结构强度，如图6-2a)所示。采用沥青类材料对下层浇注式裂缝进行灌缝，主要是考虑到树脂类材料为热固性材料，若采用树脂材料对浇注式层进行灌缝，必将影响浇注式沥青的自愈合性能，因此采用沥青类材料进行下层浇注式裂缝处治，可以充分发挥沥青材料的自愈合性能。

（2）若上层环氧为微细裂缝，未出现混凝土松散现象，则可采用高强热塑性树脂类材料进行灌缝，如图6-2b)所示，热塑性材料具有良好的高温重塑特性。一方面保证浇注层裂缝修复后，不影响浇注式本身的高温自愈合性能；另一方面需要具备足够的强度，保证环氧层裂缝修复后，恢复整体结构强度。

图 6-2 下层浇注式开裂后裂缝处治

6.1.2 热塑性树脂灌缝材料性能

热塑性沥青铺装表面开裂后采用沥青类灌缝材料可以起到较好的相容性和修复效果。而环氧沥青强度很高、刚性较大，开裂是无法避免的。不同于热塑性沥青材料，环氧沥青属于热固性材料，固化后开裂不可逆，修复难度很大。国内一些管养单位有的采用热沥青、乳化沥青材料进行灌缝，渗透性不好、仅是表面封闭，并且没有强度，导致灌缝后不能起到强度愈合的效果，很快二次开裂(图6-3)，长期保持防水效果更是无法保障。

刚柔复合型铺装不同于沥青路面，甚至不同于传统双层环氧铺装，灌缝材料须具有足够的强度和抗裂性能恢复能力，从而恢复铺装结构整体性，防止环氧层开裂后下层浇注式出现车辙。同时考虑到灌缝材料会渗透到铺装层间和层底，需与环氧、浇注层兼具良好的黏结性能，并与黏结层有良好的匹配性。

图6-3 沥青材料灌缝、渗透性差,二次开裂

基于表面物理化学原理,研发常温高强热塑性树脂灌缝材料,配以双官能度活性稀释剂进一步降低树脂固化物的黏度,提高可灌性。结合刚柔复合型铺装开裂后的受力特性,重点提高固化物的强度;优选具有柔性链段辅材及多胺脂环固化剂,既实现固化物的变形能力,并加速了固化反应速率以缩短养生时间,最终达到"高强耐久、快速固化和高渗透"的技术需求。热塑性树脂灌缝材料关键组成如图6-4 所示。

a) 双官能稀释剂　　b) 具有柔性链段固化剂　　c) 脂环胺固化剂

图6-4 热塑性树脂灌缝材料关键组成

针对传统热固性和高强热塑性树脂灌缝材料进行系统的性能试验,性能指标见表6-1,主要试验如下:

(1)施工和易性,包括渗透性、可操作时间、固化时间等指标;
(2)力学性能,包括拉伸强度、黏结强度、变形能力等指标。

灌缝材料性能指标　　　　表6-1

试验项目	试验方法	单位	指标要求	试验结果 热塑性树脂	试验结果 热固性树脂
抗拉强度(23℃)	断裂拉伸	MPa	—	2.7	32.8
断裂延伸率(23℃)	断裂拉伸	%	≥15	213	49
渗透性(23℃)	渗透	mm	≥15	61	76
固化时间(23℃)	拉拔	h	≤24	24	5~6
施工可操作时间(23℃)	黏时	h	≥0.5	0.5	2.5
低温极限应变恢复率(-10℃)	小梁弯曲	%	≥80	115	115
弯拉强度恢复率(-10℃)	小梁弯曲	%	≥80	86	95

1) 施工和易性

(1) 渗透性

渗透性反映的是灌缝材料对裂缝的可灌性。为了能够简单、快捷地评价灌缝材料的渗透性,并建立一个标准化的试验方法,开发了砂介灌胶法试验规程,以高度为 54mm 的单粒径砂样作为渗透介质,养护材料在此介质中的渗透深度作为其渗透能力。渗透性试验砂样级配要求如表 6-2 所示,试验示意图如图 6-5 所示。

渗透性试验砂样级配要求　　　　　表 6-2

筛孔	1.18	0.6	0.3
通过率(%)	100	≥98	≤3

a) 热固性树脂

b) 热塑性树脂

图 6-5　渗透性试验

胶结料渗透性能 $H(\mathrm{mm})$ 按式(6-1)计算:

$$H = 54 - \frac{M}{S\rho} \approx 54 - \frac{M}{5.19} \quad (6-1)$$

式中:S——容器的截面积(mm^2),取为 $3056\mathrm{mm}^2$;

ρ——砂样的堆积密度(g/mL),取为 1.7g/mL;

M——未凝结沙子质量(g)。

不同品种灌缝材料的渗透性试验结果见图 6-6,热固性树脂与热塑性树脂兼具良好的渗透性,可保证微细裂缝满灌:①热固性树脂的渗透深度为 76mm;②热塑性树脂渗透深度为 61mm;③进口树脂渗透深度约为 13mm;④聚氨酯渗透深度为 20mm。

(2) 固化时间

钢桥面铺装日常养护应尽可能保证"当日维修,当日开放交通"的使用要求,故根据不同养护材料的渗透性试验结果,优选出几种灌缝材料,对不同灌缝材料进行常温、高温的固化时间试验,分析材料对交通封闭时间的要求。固化时间试验采用拉拔试验方法,将拉拔强度达到完全固化强度 80% 的时间定为该材料的固化时间。

试验结果见图 6-7,其中进口环氧树脂、聚氨酯固化最快,4~5h 即可形成强度;研发的高强渗透性树脂常温需要 5~6h 固化;二次反应型环氧树脂约 24h 完成固化,固化时间相对略长。高分子材料固化时间在一定范围一般可控,可以很好地满足"当日施工,当日开放交通"的要求。

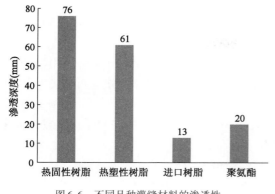

图 6-6　不同品种灌缝材料的渗透性　　　　图 6-7　不同品种灌缝材料的常温固化时间

(3) 可操作时间

灌缝材料的黏度随时间增长而不断增长，其流动性也不断降低，尤其是化学反应类材料，其黏度会随着固化反应的进行快速增长，认为当黏度高于 15Pa·s 时，灌缝材料不易渗透至裂缝底部，故在实施过程中，应严格控制材料的存放时间，对灌缝材料的起始黏度和常温(23℃)的可操作时间进行分析。

几种固化类材料的常温起始黏度见表 6-3，对应的常温(23℃)黏时曲线见图 6-8，聚氨酯应在常温 40min 内完成灌缝；进口环氧树脂应在常温 1h 内完成灌缝；热固性树脂在常温 2.5h 内完成灌缝。

不同品种灌缝材料的常温起始黏度　　　　表 6-3

样品名称	热固性树脂	聚氨酯	进口环氧树脂
黏度(Pa·s)	0.600	6.500	0.750

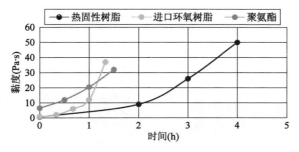

图 6-8　不同品种灌缝材料的常温黏时关系

2) 力学性能

(1) 抗裂性

灌缝材料自身应具有足够抗拉强度和变形能力，对此，采用了断裂拉伸试验(图 6-9)评估灌缝材料的抗裂性能，总体上热固性树脂的抗裂性能最佳，兼具较好的变形性能和防水封闭性能。几种灌缝材料的断裂延伸率和拉伸强度见表 6-4。

① 热固性树脂灌缝材料拉伸强度较大，达到 32.8MPa 左右，且同时具有较高的变形能力，断裂延伸率约 49%，兼具强度恢复效果和防水性能；

图6-9 热固性树脂断裂试件

②热塑性树脂拉伸强度较小,约2.7MPa,但其具有良好的变形性能,断裂延伸率达到213%,可以满足裂缝伸缩条件下良好的防水效果;

③聚氨酯变性能力及强度与热塑性树脂相当,断裂延伸率较大,超过200%,但拉伸强度较小,仅为2MPa左右;

④进口环氧树脂的拉伸强度为13MPa,断裂延伸率为90%左右。

(2)抗裂性能恢复效果

为了评价灌缝材料对刚柔复合型铺装的裂缝修补效果,对折断的复合件小梁试件新鲜断面采用不同材料进行重新黏合拼接,待其固化后,进行低温(-10℃)的小梁弯曲试验,以此对比分析不同灌缝材料对刚柔复合型铺装结构基体的黏结抗裂性能。弯拉试验的强度试验结果如表6-5所示,试验后的断面如图6-10所示。

几种灌缝材料的断裂延长率和拉伸强度 表6-4

灌缝材料名称	拉伸强度(MPa)	断裂延伸率(%)
热固性树脂	32.8	49
热塑性树脂	2.7	213
进口环氧树脂	13.3	86
聚氨酯	2.1	268

不同灌缝材料修补后的试件抗弯曲性能的恢复率 表6-5

试验项目	试验条件	灌缝材料名称			
		热固性树脂	热塑性树脂	进口环氧树脂	聚氨酯
弯拉强度恢复率	-10℃	95%	86%	74%	44%
极限应变恢复率	-10℃	115%	114%	85%	106%

a)热固性树脂拼接

b)热塑性树脂拼接

图6-10 小梁试件弯曲试验后的断面

①热固性树脂与二次反应型树脂灌缝材料均具有较高的强度恢复效果,修复后小梁破坏应变相比开裂前有所提升,弯拉强度有不同程度衰减,但幅度均不大;

②采用进口环氧树脂修补后的环氧沥青混合料的弯拉强度和极限应变相对原混合料都有所衰减,但基本可以恢复到原混合料强度的70%以上;

③聚氨酯在低温状态下的强度修复能力相对几种环氧树脂材料偏低。

(3)复合结构强度恢复效果

采用树脂砂浆材料对环氧层裂缝进行灌缝处治。室内成型"浇注+环氧"复合件,并对上层环氧预切纵向裂缝,然后采用树脂砂浆材料修补,养生固化后进行60℃动稳定度试验(图6-11),并与未开裂状况和开裂未修补状况下的复合件抗车辙性能进行对比分析。

a) 树脂灌缝　　　　　　　　　　　　b) 车辙试验未出现明显变形

图6-11　裂缝修补后复合件车辙试验

试验结果表明:

①对上层环氧裂缝采用树脂砂浆材料填补后,60℃动稳定度达到9692次/mm,恢复到铺装完好状态下的50%左右,且达到裂缝未修补状况下的3倍左右,且未出现明显变形,如图6-12所示。

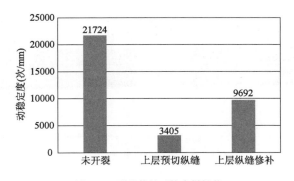

图6-12　裂缝修补后抗车辙性能

②裂缝修补后,动稳定度试验位移随时间变化趋势与未开裂状况下基本相同,且较开裂状况下明显变缓,如图6-13所示。

可见,采用高强灌缝材料对刚柔复合型铺装上层环氧裂缝进行及时修补,可有效恢复铺装结构强度,提高铺装的抗裂性能,保护下层浇注式不产生车辙,延长铺装整体使用寿命。

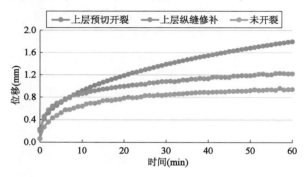

图 6-13　动稳定度:位移随时间变化规律

图 6-14　重复车辙试件

(4)长期高温抗车辙性能

为了评价裂缝修复后铺装长期高温性能,对裂缝修复后的复合件进行重复车辙试验(图 6-14),轮载沿着缝进行 3 次 60℃和 2 次 70℃的循环车辙试验,试验结果见表 6-6。

①经过 5 次的循环车辙试验,裂缝修复后的复合件动稳定度由 9692 次/mm 降到 7150 次/mm,降低 26%,但仍达到开裂后动稳定度的 2 倍以上,且未出现明显车辙深度和二次开裂现象,可以保证长久的裂缝修复效果和铺装层的高温稳定性;

②70℃条件下与 60℃条件下相比,复合件动稳定度明显下降 50% 左右,这与下层浇注式的温敏性密切相关,因此,可将 60℃作为高温预警阈值,当铺装层温度场高于 60℃时,需提示洒水降温,并做好交通管制工作,防止出现车辙等高温稳定性不足导致的病害。

重复车辙试验结果　　　　　　　　　　　表 6-6

重复次数	温度(℃)	动稳定度(次/mm)
1	60	9481
2	70	3793
3	60	7392
4	70	3604
5	60	7150

(5)灌缝材料性能综合比选

综上,热固性树脂灌缝材料和二次反应型环氧树脂材料兼具良好的灌缝效果,且性能优于进口环氧树脂和聚氨酯。

①热固性树脂与热塑性树脂兼具良好的渗透性,可以保证裂缝满灌;

②热固性树脂具有足够高的拉伸强度和较好的变形性能,保证裂缝黏结效果,从而恢复铺装结构整体性,对上层环氧抗裂性能提升效果最佳;

③热塑性树脂则从灌缝材料与原铺装材料相容性出发,同时具有优良的变形性能,能够满足裂缝伸缩变形条件下的封闭防水效果,且相比传统热固性环氧树脂材料,热塑性树脂在高温下具有一定的重熔黏结性能,防止出现二次开裂;

④热塑性树脂固化时间相对较慢,但其在半小时内即可指干;热固性树脂养生固化时间仅需 5~6h,两种材料均可满足快速养护、快速开放交通的使用要求。

6.1.3 试验段裂缝处治效果

为了提升泰州大桥铺装的耐久性,抑制微裂缝进一步发展,2018 年 12 月 12—14 日对泰州大桥泰州—常州方向部分裂缝进行了集中处治,裂缝处治工程量见表 6-7。

裂缝处治工程量　　　　　表6-7

序　号	裂 缝 类 型	工程量(延米)
1	新增裂缝	5
2	二次开裂	5

针对双组分热固性环氧材料,专门采用双组分胶枪,分为 A、B 管,按比例分别装入灌缝材料的 A、B 组分,实现 A、B 组分的精确计量,并通过螺旋式搅拌通使 A、B 组分充分混合(图6-15);且实现灌缝材料"及时配制与及时使用",避免材料浪费;避免传统人工涂刷方式导致铺装表面受到污染,保证了表面的整洁。

通过对已进行灌缝的段落进行观测,结果表明灌缝材料能够很好地修复环氧沥青铺装裂缝处的混凝土强度,各段落截至目前使用效果良好,未二次开裂(图 6-16)。

图 6-15　双组分胶枪灌缝

图 6-16　裂缝处治效果

6.2　浇注小球预制重熔坑槽快速修补技术

环氧沥青铺装层属于热固性材料,其坑槽破坏机理与热塑性沥青路面存在本质的差异。铺装出现的坑槽病害处治不当,在荷载、雨水等多因素影响下将迅速向四周扩展;处治好环氧沥青铺装层坑槽病害,不仅可以减缓病害大面积扩展的速率,而且可以延长整个铺装层的使用寿命。

根据刚柔复合型钢桥面铺装的使用条件,坑槽修补材料性能需满足如下特点:
(1)施工方便、安全、快捷,无须拌和楼等大型施工设备;
(2)快速固化,养生时间短,可以满足"当天养护、当天开放交通"的要求;
(3)混合料应具有优良的路用性能。

针对刚柔复合型铺装性能特点以及使用条件,基于施工便宜性、养生周期、路用性能等关键施工参数,主要研究高韧冷拌树脂混凝土类坑槽修补材料、热拌高性能沥青混凝土、预制浇注式沥青混凝土块用于刚柔复合型钢桥面铺装坑槽修补的可行性,实现坑槽快速修补,并形成标准的施工工艺和评价标准。

6.2.1 坑槽修补方案

基于坑槽修补分层养护的理念,根据坑槽破损层位选取修补方案。针对坑槽仅发生于上层环氧沥青铺装层,挖除铺装上层,保护铺装下层完好,做好浇注式混凝土层界面处治,采用高韧冷拌树脂混凝土或热拌高性能沥青混凝土(如高弹改性沥青混凝土)进行坑槽修补,如图6-17、图6-18所示。

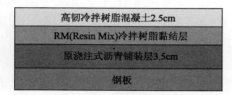
图6-17 高韧冷拌树脂系列坑槽修补技术
(坑槽仅限于上层环氧)

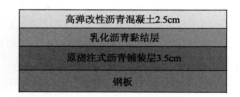
图6-18 高性能沥青系列坑槽修补技术
(坑槽仅限于上层环氧)

针对坑槽发展到下层浇注式层,采用恢复原结构方案进行坑槽修补,将破损铺装挖除至钢板,做好浇注式与钢板界面处治,采用"下层浇注式沥青混凝土+上层高韧冷拌树脂混凝土/热拌高性能沥青混凝土"铺装方案(图6-19、图6-20),提高坑槽修补结构与原铺装的整体相容性。

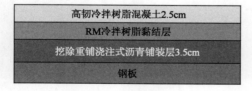
图6-19 坑槽修补技术(坑槽发展至下层浇注式)

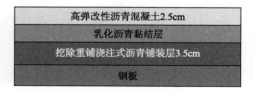
图6-20 坑槽修补技术(坑槽发展至下层浇注式)

由于浇注式拌和时间较长,为缩短现场养护时间,快速开放交通,采用后场预制——现场重熔预制块的方式对浇注层坑槽进行修补。由于后场预制浇注块尺寸单一,与现场坑槽大小不一致,因此后场预制尺寸适宜的浇注块,方便现场快速重熔至自流平状态,对坑槽进行回填修补,并利用浇注式沥青材料本身的自愈合性能及黏结性能完成预制块与原铺装的黏结。

6.2.2 坑槽修补后铺装受力特性模拟分析

修补材料的选择直接影响着坑槽修补效果及铺装性能恢复情况。采用有限元方法分析采用不同强度的材料对坑槽修补之后的铺装受力特性,坑槽修补分别选择高温模量为500MPa、1000MPa、1500MPa和2000MPa四种材料。选择夏季极端高温季节,原环氧铺装层模量为1000MPa,浇注层模量为50MPa,分析超载50%及制动条件下50%的水平力荷载作用下的铺装受力特性。坑槽修补后铺装层受力云图如图6-21所示。

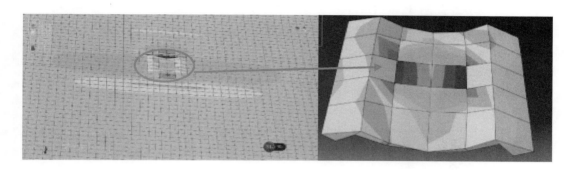

图6-21 坑槽修补后铺装层受力云图(0.5m×0.5m)

从坑槽修补后铺装层力学响应规律(图6-22)可以看出:

(1)总体上,铺装未出现坑槽状况下,铺装上层环氧为主要承重层,下层浇注层受力较小;但环氧层出现坑槽且修补后,应力通过坑槽修补边缘传递到下层浇注层,上下层共同受力,出现上层环氧受力变小而下层浇注受力变大现象。

(2)采用不同强度修补材料后,坑槽修补处应力水平均随修补材料模量增大而增大,但分散缓解了原铺装应力集中现象。随着修补材料模量由500MPa增大到2000MPa,原铺装上层环氧应力水平减小15%~25%,下层浇注式应力水平则减小30%左右。

因此,采用高模量的修补材料有助于保护原铺装受力,并可有效保护下层浇注式不产生车辙变形病害。同时应采用相应强度接缝材料,使坑槽修补处与原铺装完好黏结,形成整体受力状态,消除修补边缘应力集中现象。

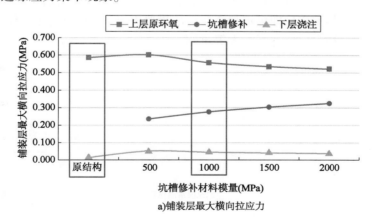

a)铺装层最大横向拉应力

图 6-22

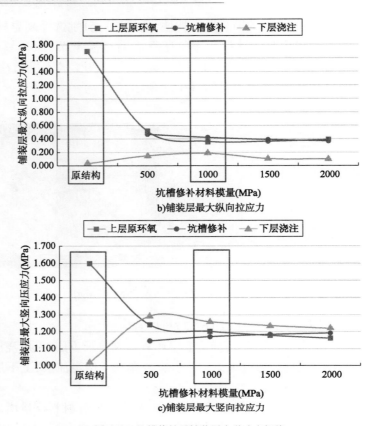

b)铺装层最大纵向拉应力

c)铺装层最大竖向拉应力

图6-22 坑槽修补后铺装层力学响应规律

6.2.3 预制浇注小球性能

室内按标准尺寸制备模具,预制浇注一定规格的球型浇注试块(图6-23),保证现场加热重熔至试块内部变软,具有较好的可塑性,且表面未出现流动状态;现场采用小型移动式加热设备,将预制浇注块加热重熔后即可进行浇注层坑槽修补,施工方便快捷,解决了浇注式现场拌和温度高、难度大、时间长、交通影响大等难题。

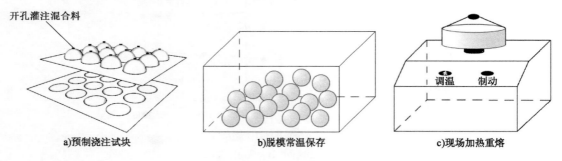

a)预制浇注试块　　　b)脱模常温保存　　　c)现场加热重熔

图6-23 浇注试块预制工艺

不同规格的预制浇注试块如图6-24所示,预制浇注块选用亚邦集料和镇江巴蜀矿粉,矿料比例为2号料(5~10mm):3号料(3~5mm):4号料(1~3mm):5号料(0.075~1mm)=

32∶8∶35∶25;胶结料由 30 号硬质直馏沥青和湖沥青(TLA)按 7∶3 掺配所得,油石比为 10.0%,混合料级配要求及合成级配见表 6-8,设计级配曲线见图 6-25。

图 6-24　不同规格的预制浇注试块

浇注式混合料设计级配　　　　　　　　　　　表 6-8

筛孔 (mm)	13.2	9.5	4.75	2.36	0.6	0.3	0.15	0.075
目标级配 (茅迪料)	100	99.2	73.1	56.2	37.3	30.1	26.7	24.3
设计级配 (32∶8∶35∶25)	100.0	100.0	70.3	55.7	42.0	37.7	32.5	27.7
级配上限	100.0	100.0	74.0	65.0	48.0	45.0	37.5	30.0
级配下限	100.0	95.0	69.0	54.0	35.0	30.0	25.0	20.0

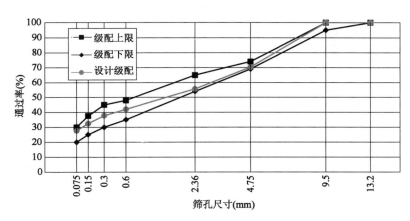

图 6-25　设计级配曲线

由浇注式混合料性能(表 6-9)可知,预制浇注试块性能与原铺装性能相当,60℃动稳定度 500 次/mm,具有更好的坑槽处应力集中状况下的高温抗车辙性能,流动性、贯入度、极限应变均满足技术指标要求。贯入度试验如图 6-26 所示,流动性的时间-温度关系如图 6-27 所示。预制浇注块现场加热全部熔化时间约 5min,可满足快速养护需求,解决浇注式现场养护时间长、难度大等问题。

浇注式混合料性能　　　　　　　　表 6-9

项　目	单位	试验结果	技术指标
刘埃尔流动性(240℃)	s	18	0～20
贯入度(40℃,52.5kgf/5cm², 30min)	mm	1.6	1～4
动稳定度(60℃)	次/mm	500	≥350
极限应变(-10℃)	με	9400	≥8000
预制块重熔时间(260°)	min	5	—

 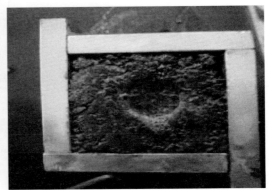

图 6-26　贯入度试验

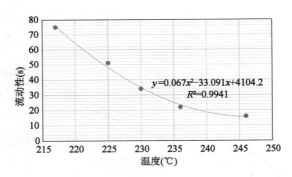

图 6-27　流动性的时间-温度关系图

6.2.4　铺装上层材料性能

1)高韧冷拌树脂铺装材料

(1)胶结料

胶结料性能是决定环氧沥青混凝土固化物最终使用性能的重要因素,对混合物的强度、变形、疲劳等性能贡献很大。要求环氧沥青结合料具有固化时间短、易于拌和以及抗裂性能良好的特点。

对此,专门开发了坑槽修补用高韧冷拌树脂结合料,适用于冷拌冷铺工艺,施工简便。参照环氧沥青混合料的技术要求,对高韧冷拌树脂结合料性能进行了试验研究,试验结果见表6-10。采用的高韧冷拌树脂材料性能远远超出热拌环氧沥青的技术指标,且固化时间要只需5~6h,可满足当日养护当日开放交通的现实需求。同时,考虑到现有环氧沥青铺装在荷载反复作用下出现了过早的疲劳开裂,变性能力相对不足,开发的高韧冷拌树脂材料提高了变性能力,断裂延伸率高达300%。

高韧冷拌树脂结合料试验结果(25℃)　　　　　　　　表6-10

项目	技术指标（热拌环氧沥青）	环氧沥青	高韧冷拌树脂	试验方法
常温固化时间	—	30~45d	5~6h	强度增长法
拉伸强度(MPa)	≥1.52	3.4	3.3	GB/T 528—2009
断裂延伸率(%)	≥200	276	297	

(2)材料组成设计

高韧冷拌树脂混凝土采用的集料是茅迪桥面料,采用与原环氧沥青混凝土一致的级配,确定的各矿料比例为1号料(10~13mm):2号料(5~10mm):3号料(3~5mm):4号料(1~3mm):5号料(0.075~1mm):矿粉=2.5%:22.5%:21.5%:22%:23%:8.5%。环氧沥青混合料级配要求及合成级配见表6-11,合成级配曲线图如图6-28所示。

混合料级配要求及合成级配　　　　　　　　表6-11

筛孔（mm）	通过下列筛孔(方孔筛,mm)的质量百分率(%)					
	13.2	9.5	4.75	2.36	0.6	0.075
级配上限(%)	100	100	85	70	40	14
级配下限(%)	100	95	65	50	28	7
合成级配	100.0	97.4	75.1	60.0	35.2	10.4

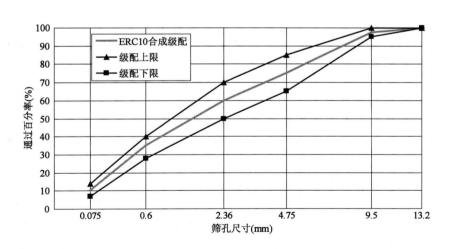

图6-28　环氧沥青混合料ERC10(Epoxy Resin Cover)合成级配曲线图

根据拟定级配进行了多种油石比的高韧冷拌树脂混合料试件成型,并最终优选了最佳油石比9.0%,相比环氧沥青混合料采用的6.5%油石比,小修保养材料通过更高胶结料的用量,一方面可以提高现场施工和易性,在不具备大型拌和、碾压设备的条件下,提高混合料施工性能,尤其是可压实性;另一方面,采用更高的油石比,可以进一步提升混合料的变性能力、降低孔隙率,进而提升疲劳性能和防水性能,提高铺装层小修保养耐久性。

(3)混合料性能

通过对小修保养用高韧冷拌树脂混合料路用性能进行综合试验,包括马歇尔试验、高温性能、低温性能以及水稳定性等,混合料性能参数见表6-12。

①混合料空隙率体积参数控制在2%以下,具有良好的密水及防水性能。

②70℃马歇尔稳定度达到71kN左右,与原高温拌和型环氧沥青混合料相当。

③由于空隙率较低,水很难渗入混合料内部,修复用高韧冷拌树脂混合料具有较高的水稳定性,其残留稳定度MS达到97%以上,冻融劈裂比TSR约85%。

④树脂材料是热固性材料,相比一般沥青材料对温度不敏感,高温条件下仍具有较高的高温稳定性,其60℃动稳定度达到63000次/mm。

⑤为了提高修复铺装的疲劳性能,通过提高混合料变性能力来延长疲劳寿命,开发的树脂混合料低温极限破坏应变约6809$\mu\varepsilon$,相比原铺装环氧沥青混合料5863$\mu\varepsilon$提高16%。

高韧冷拌树脂混合料试验结果　　　　表6-12

试验指标	单位	高韧冷拌树脂	高温环氧沥青	技术要求
空隙率	%	1.6	1.8	0~3
马歇尔稳定度(70℃)	kN	71	72.3	≥40
流值	0.1mm	35	38.1	20~50
固化时间(23℃)	—	4~6h	5~7d	≤8
残留稳定度MS	%	97.4	95.25	≥85
冻融劈裂比TSR	%	85.5	98.5	≥80
动稳定度(60℃)	次/mm	>63000	>10000	≥6000
极限破坏应变(-10℃)	$\mu\varepsilon$	6809	5863	≥3000

2)高弹改性沥青铺装材料

(1)材料组成设计

高弹改性沥青采用高掺量的橡胶粉颗粒和SBS(Styrenic Block Copolymers)复配而成,其最显著的特点是60℃黏度高达100000Pa·s,弹性恢复近100%,软化点达到70℃以上,综合性能优于一般的SBS改性沥青。

高弹改性沥青混凝土采用马歇尔体积法设计,采用了类似于SMA(Stone Matrix Asphalt)的间断级配,油石比高达6.6%,空隙率要求为3%~5%,保证钢桥面板防水功能的同时,解决了桥面沥青类铺装抗车辙性能难题。高弹改性沥青混凝土合成级配与级配要求见表6-13,合成级配曲线图见图6-29。

高弹改性沥青混凝土合成级配与级配要求　　　表6-13

筛孔(mm)	通过方孔筛的百分率(%)								
	16.0	13.2	9.5	4.75	2.36	1.18	0.6	0.3	0.15	0.075
级配上限(%)	100	100	75	36	30	26	20	16	14	11
级配下限(%)	100	90	50	22	18	16	12	10	8	7
合成级配(%)	100.0	95.2	73.0	31.7	25.3	18.9	15.2	11.3	9.6	7.5

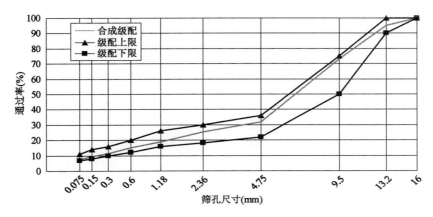

图6-29　高弹改性沥青混合料合成级配曲线图

(2)混合料性能

对高弹改性沥青混合料路用性能进行全面分析(表6-14),主要包括水稳定性、高温性能、低温性能和疲劳性能等,并与一般改性沥青SMA13混合料路用性能数据进行对比,总体上高弹改性沥青混凝土路用性能优于一般改性沥青SMA13,主要结果如下:

①高弹改性沥青混合料马歇尔稳定度与一般改性沥青SMA13混合料较接近,约10kN,流值相对较大,约41(0.1mm)。

②水稳定性较高,其残留稳定度与冻融劈裂比均在90%左右,说明高弹沥青胶结料与石料的黏附性较好。

③由于高弹沥青相比一般改性沥青具有更高的黏度,其混合料劈裂强度相比一般改性沥青SMA13要高出20%~30%。

④高弹改性沥青混凝土采用间断级配,且具有较高的动力黏度,显示出优良的高温性能,动稳定度高达8400次/mm。

⑤同时,具有较好低温性能,低温极限应变约3700$\mu\varepsilon$。

高弹改性沥青混合料路用性能　　　表6-14

项　　目	试验方法	单　　位	试 验 结 果	
			高弹改性	SMA13
空隙率	表干法	%	4.1	3~5
稳定度	马歇尔	kN	10.76	10.46
流值	马歇尔	0.1mm	41.3	27

续上表

项目	试验方法	单位	试验结果	
			高弹改性	SMA13
残留稳定度 MS_0	浸水	%	90.8	87.0
非条件劈裂强度	冻融	MPa	0.8164	0.6808
条件劈裂强度		MPa	0.7229	0.5689
冻融劈裂比 TSR		%	88.5	83.6
动稳定度(60℃)	车辙	次/mm	8401	4731
低温极限应变(-10℃)	小梁弯曲	με	3704.3	3132.5

6.2.5 界面黏结材料及复合结构性能

1）防水黏结层性能

防水黏结层应与钢板及铺装层具有较好的黏结性能,采用拉拔试验(图6-30)评价防水黏结层的黏结性能。首先对钢板进行喷砂除锈,然后分别涂布三种不同防水黏结层材料:溶剂型橡胶沥青、结构防水体系(Eliminator)、二阶反应型环氧黏结层,涂布量均为 $0.4kg/m^2$。按标准养生后,在防水黏结层表面分别成型5cm浇注式沥青混凝土,浇注式沥青混凝土成型温度220~230℃。试件成型完毕后,放置60℃烘箱内养生24h,常温养生96h,然后钻芯,黏结拉拔头。

图6-30 组合试件拉拔试验

将试件放置相应的试验温度环境中进行养生,养生时间6h后,采用液压式拉拔仪进行拉拔试验,并记录试件破坏界面类型。

按照经典的黏结理论,界面破坏的位置总处于组合结构最薄弱位置,组合件拉拔试验破坏界面如图6-31所示。从不同防水黏结层的拉拔试验结果(表6-15)可以看出:

(1)三种黏结材料的拉拔强度:二阶环氧>溶剂型橡胶沥青>Elininator。

(2)溶剂型橡胶沥青20℃和60℃拉拔强度分别为1.34MPa和0.18MPa,最薄弱界面位于黏结层与钢板的黏结位置,其与浇注式铺装层的黏结性能高于其与钢板的黏结性能。

(3)Eliminator20℃和60℃拉拔强度分别为0.98MPa和0.12MPa,最薄弱界面位于黏结层与铺装层之间,其与钢板的黏结强度高于与铺装层的黏结强度,当铺装层破坏后,其仍可以起到较好的防水性能,保护钢板不被锈蚀。

(4)二阶环氧黏结层拉拔强度最高,20℃常温拉拔强度为1.47MPa,60℃高温拉拔强度为0.29MPa,且均在浇注表面拉脱,黏结层界面未发生破坏,即黏结层拉拔强度高于试验结果。

图 6-31　组合件拉拔试验破坏界面(二阶环氧25℃)

防水黏结材料组合结构拉拔强度结果(单位:MPa)　　　　表 6-15

材料类型	温度(℃)		备注
	25	60	
溶剂型橡胶沥青	1.34	0.18	黏结层从钢板整体脱开
Eliminator	0.98	0.12	面漆与混凝土界面破坏
二阶环氧黏结层	1.47	0.29	浇注式表面拉脱

可见二阶环氧黏结层不仅与钢板具有较好的黏结强度,能起到很好的防水性能,同时与铺装层也具有较高的黏结性能,可以保证铺装-钢板的整体协同变形。同时基于下层浇注式原结构恢复原则,坑槽修补选用二阶环氧防水黏结层。

2)黏结层性能

采用拉拔试验对不同坑槽修补方案的层间黏结层材料的性能进行评价分析,主要包括"浇注式+RM冷拌树脂黏结剂+高韧冷拌树脂混合料"结构体系、"浇注式+乳化沥青黏结层+高弹改性沥青混合料"结构体系,并与原"浇注式+二阶环氧+热拌环氧沥青混合料"结构体系进行对比分析,RM层间拉拔试验如图6-32所示。组合结构层间拉拔强度结果(表6-16)显示:

(1)不同结构体系黏结层强度由大到小为:RM黏结层>二阶环氧黏结层>乳化沥青黏结层。

(2)高韧冷拌树脂结构体系采用高强RM黏结层材料,层间拉拔强度最高,拉拔试验破坏界面均在浇注式内部,常温拉拔强度达到3.11MPa以上,高温拉拔强度达到0.50MPa,即RM黏结强度大于浇注式内部强度,且拉拔强度达到二阶环氧的2～3倍,可用于交通量较大的行车道、重车道坑槽修补。

(3)热拌环氧结构体系破坏界面在二阶环氧黏结层处,常温黏结强度达到0.90MPa,70℃

黏结强度达到 0.22MPa，均高于沥青结构体系层间拉拔强度。

（4）沥青结构体系采用乳化沥青黏结层，其黏结层强度最低，常温强度约 0.60MPa，高温强度约 0.14MPa，破坏界面在黏结层处，可用于交通量较小的超车道坑槽快速抢修等。

a)25℃　　　　　　　　　　　　　　　b)60℃

图 6-32　RM 层间拉拔

组合结构层间拉拔强度结果　　　　表 6-16

材料类型	不同温度下层间拉拔强度（MPa）		备注
	25℃	60℃	
浇注+二阶环氧+热拌环氧	0.90	0.22	黏结层界面破坏
浇注+RM+高韧冷拌树脂	3.11	0.50	浇注内部破坏
浇注+乳化沥青+高弹	0.60	0.14	黏结层界面破坏

3）复合件高温动稳定度试验

树脂材料是热固性材料，相比一般沥青类材料对温度敏感性不高，高温条件下仍具有较高的高温稳定性，由复合件动稳定度车辙试验结果（表 6-17）可知，"浇注+热拌环氧"复合件和"浇注+高韧冷拌树脂"复合件 60℃动稳定度均大于 20000 次/mm，且高韧冷拌树脂复合件动稳定度与原铺装结构相比稍高，而"浇注+高弹"复合件 60℃动稳定度约 4669 次/mm，低于环氧类高温抗车辙性能，但相比普通沥青类材料仍具有较好的高温稳定性。

复合件动稳定度车辙试验　　　　表 6-17

铺装结构	试验温度（℃）	动稳定度（次/mm）
浇注+二阶环氧+热拌环氧	60	21724
浇注+RM+高韧冷拌树脂	60	25317
浇注+乳化沥青+高弹	60	4669

4）复合件小梁弯曲试验

通过对"浇注+高弹 SMA""浇注+高韧冷拌树脂"坑槽修补方案的复合件极限弯曲性能进行常温和低温小梁弯曲试验评价，结果见表 6-18，并与原结构"浇注+热拌环氧"的极限弯曲性能进行对比分析。

（1）"浇注+高韧冷拌树脂"极限破坏应变与原铺装基本相当，低温极限应变相比原铺装略低，但仍高于铺装沥青混合料极限破坏应变。

(2)"浇注+高弹"低温极限应变相对较低,可用于以轻载交通为主的超车道的应急抢修。

复合件极限弯曲试验　　　　　　　表6-18

铺 装 结 构	试验温度(℃)	弯拉强度(MPa)	极限破坏应变(με)
浇注+二阶环氧+热拌环氧	-10	11.09	5659
	15	11.57	9506
浇注+RM+高韧冷拌树脂	-10	10.65	3983
	15	10.59	9075
浇注+乳化沥青+高弹	-10	8.83	2321
	15	7.85	6646

6.2.6 关键修复工艺

修补工序流程见图6-33。

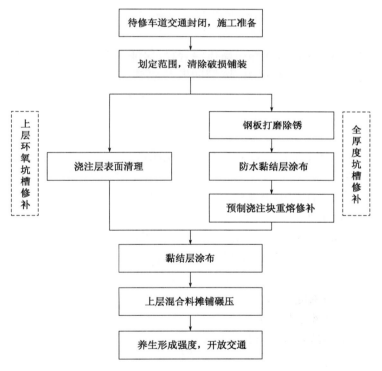

图6-33 坑槽修补施工工序流程

1)破损铺装挖除

(1)确定修补范围,应覆盖坑槽周围的裂缝,本着"圆洞方补"的原则划定边界。

(2)采用切割机、风镐和簪子等工具将已确定范围内的上层环氧铺装及黏结层清除至铺装层间,应控制好切割深度,暴露出下层浇注层表面,确保坑洞四壁无松动混凝土。

(3)挖除至层间后,判定下层浇注式是否完好,若完好或仅出现轻微裂缝,修复后保留原浇注层;若浇注层出现车辙、网裂等结构性破损,则继续挖除使暴露出钢板。

（4）采用45°斜向切缝方式，使新旧混凝土相互搭接，有助于传递应力，从而消除应力集中现象，恢复铺装整体受力特性。

2）上层环氧坑槽修补

当上层环氧出现坑槽，下层浇注式完好时：

（1）浇注式表面打磨清理

清除坑槽内的残余混合料，采用砂轮磨光机对浇注层顶面进行打磨，形成洁净粗糙的表面。采用鼓风机吹净坑槽内的污物，保证铺装四壁干燥无灰尘。

（2）黏结层涂布

槽内铺装四壁吹干吹净后，立即施工乳化沥青或冷拌树脂黏结层。

（3）拌和、摊铺混凝土

黏结层涂布后立即进行混合料拌和、摊铺施工。

①采用强制式卧轴拌和机，人工拌和高弹改性沥青混合料或高韧冷拌树脂混合料，拌和时间以2~3min为宜，保证混合料拌和均匀，无花白料。

②采用人工摊铺，混合料的摊铺厚度以碾压厚度略高于旧铺装表面为宜（一般松铺系数为1.2）。

③采用振动夯后小型手持式压路机碾压混合料，保证混合料的密实，以混凝土表面略微泛油为宜，表面粗糙，无泛油和离析现象，坑槽四壁与原铺装应结合紧密。碾压时尤其注意对"低处""接缝处"进行补料，以碾压后混合料高度略高于旧铺装1~2mm为宜，高差不得超过5mm。

（4）养生开放交通

待坑槽修补混凝土养生形成强度后即可开放交通。

3）全厚度坑槽修补

当上层环氧和下层浇注均出现破损，清除至钢板时：

（1）钢板打磨除锈清理

清除坑槽内的残余混合料，并采用砂轮磨光机将钢板打磨除锈；对于局部凹点的锈迹，建议配合使用电动钢丝轮处理钢板后，再用砂轮片打磨。

采用鼓风机吹清坑槽内的污物，并吹干钢板和铺装四壁，确保钢板表面无油污、无灰尘。此时，可计量和记录坑槽深度与面积。

注意要点：钢丝轮摩擦钢板时容易在钢钢板表面产生"金属摩擦油污"，对钢板与黏结层的黏结不利，故务必采用砂轮片打磨最后一遍。

（2）防水黏结层涂布

钢板打磨除锈、吹干吹净后，立即施工二阶环氧防水黏结层。

（3）预制浇注块重熔修补

防水黏结层涂布后方可进行下层浇注式混凝土铺装施工。

对后场预制浇注块进行加热重熔，待达到一定流动性后回填至坑槽内，人工拍打保证与原铺装挤密，并与原浇注层厚度齐平。

（4）黏结层及上层混凝土施工

待下层浇注式冷却后，方可进行上层铺装修补。与上层环氧层坑槽修补方案相同，进行黏结层涂布和上层高弹改性沥青或高韧冷拌树脂材料摊铺碾压,养生形成强度后即可开放交通。

6.3 小　　结

本章针对刚柔复合型铺装局部裂缝和坑槽病害,开展了刚柔复合型铺装小修保养技术研究,主要结论如下:

(1)刚柔复合型铺装灌缝材料须兼具足够的强度和抗裂性能恢复能力,重点开发了高强热塑性树脂灌缝材料,其具有"高强耐久、高渗透、快固"的特性,铺装抗裂性能可恢复到90%以上,抑制裂缝扩展。

(2)针对坑槽病害,提出了原结构恢复和分层修补理念。针对下层浇注,基于快速开放交通的养护需求,开发浇注小球预制重熔技术。针对上层环氧则可分车道处治,行车道、重车道可采用高韧冷拌树脂混合料进行修补,其结构性能接近于原铺装,与原铺装整体性较好;针对交通量较小的断面,可采用高弹改性沥青混合料进行应急抢修。

参 考 文 献

[1] 黄卫.大跨径桥梁钢桥面铺装设计理论与方法[M].北京:中国建筑工业出版社,2006.
[2] 钱振东,黄卫.钢桥面沥青铺装养护维修及评价[M].北京:人民交通出版社,2014.
[3] 钱振东,刘云,黄卫.桥面铺装体系复合结构动力学分析[M].北京:人民交通出版社股份有限公司,2015.
[4] 孟凡超,苏权科,徐伟,等.长寿命钢桥面铺装关键技术[M].北京:人民交通出版社股份有限公司,2016.
[5] 陈雄飞,汪锋,朱志远,等.江阴长江大桥钢桥面铺装养护维修技术[M].北京:人民交通出版社股份有限公司,2017.
[6] 陈仕周,闫东波.钢桥面浇注式沥青混凝土铺装技术[M].北京:人民交通出版社股份有限公司,2015.
[7] 钱振东,冯兆祥,王旭东.超大跨连续大柔度桥道系结构行为特性及其铺装关键技术研究报告[R].南京:东南大学,2013.
[8] 吉林,张志祥,蒋波,等.刚柔复合型钢桥面铺装性能衰变规律及预防性养护技术研究[R].泰州:江苏泰州大桥有限公司,2018.
[9] 中华人民共和国交通运输部.公路工程沥青及沥青混合料试验规程:JTG E20—2011[S].北京:人民交通出版社,2011.
[10] 中华人民共和国交通运输部.公路技术状况评定标准:JTG 5210—2018[S].北京:人民交通出版社股份有限公司,2018.
[11] 江苏省质量技术监督局.大跨径桥梁钢桥面环氧沥青铺装养护技术规程:DB32/T 3292—2017[S].北京:人民交通出版社股份有限公司,2017.
[12] 中国公路学会.公路钢桥面环氧沥青铺装养护技术指南:T/CHTS 10026—2020[S].北京:人民交通出版社股份有限公司,2020.
[13] 樊叶华.大跨径钢桥面浇注式沥青混凝土铺装技术研究[D].东南大学,2004.
[14] 黄卫,钱振东,程刚.环氧沥青混凝土在大跨径钢桥面铺装中的应用[J].东南大学学报(自然科学版),2002(05):783-787.
[15] 樊叶华,黄卫,钱振东,等.大跨径钢桥面浇注式沥青混凝土铺装应用研究[J].交通运输工程与信息学报,2006(04):54-59.
[16] 黄卫,胡光伟,张晓春.大跨径钢桥面沥青混合料特性研究[J].公路交通科技,2002(02):55-57.
[17] 陈先华,黄卫,李洪涛.钢桥面浇注式沥青混合料铺装的高温稳定性研究[J].重庆交通学院学报,2003(01):34-37.
[18] 徐勋倩,黄卫,林广平.钢桥面沥青铺装层疲劳损伤分析与车辆轴载换算[J].东南大学学报(自然科学版),2005,35(006):930-934.
[19] 潘友强,李娣.环氧沥青钢桥面铺装多维度检测评估体系研究[J].公路,2017,062(012):151-155.
[20] Hui Zhang, Peiwei Gao, Youqiang Pan, Kuan Li, Zhixiang Zhang, Fei Geng. Development of cold-mix high-toughness resin and experimental research into its performance in a steel deck pavement[J]. Construction and Building Materials,2020,235.
[21] 潘友强.大跨径连续钢箱梁钢桥面铺装设计研究[J].同济大学学报(自然科学版),2012,41(6):840-847.
[22] 杨若冲,程刚.钢桥面铺装车辙破坏机理及成因分析[J].公路,2004(3):52-55.
[23] 刘振清,黄卫,刘清泉,等.钢桥面沥青混合料铺装体系疲劳特性的损伤力学分析[J].土木工程学报,2006(02):122-126+134.

[24] 钱振东,黄卫,骆俊伟,等.正交异性钢桥面铺装层的力学特性分析[J].交通运输工程学报,2002(03):50-54.

[25] 黄卫,刘振清.大跨径钢桥面铺装设计理论与方法研究[J].土木工程学报,2005(01):51-59.

[26] 罗桑,钟科,钱振东.钢桥面复合铺装结构永久变形预估[J].同济大学学报(自然科学版),2004(02):10-13+18.

[27] 黄卫,林广平,钱振东,等.正交异性钢桥面铺装层疲劳寿命的断裂力学分析[J].土木工程学报,2006(09):116-120+126.

[28] 傅栋梁,钱振东.钢桥面铺装预防性养护对策分析[J].公路,2010(1):201-206.

[29] 李款,潘友强,张辉,等.钢桥面铺装用环氧沥青相容性研究进展[J].材料导报,2018,32(09):152-158.

[30] Yin C,Zhang H,Pan Y. Cracking Mechanism and Repair Techniques of Epoxy Asphalt on Steel Bridge Deck Pavement[J]. Transportation Research Record Journal of the Transportation Research Board,2016,2550(2550):123-130.

[31] 张辉,潘友强,张健,等.大跨径环氧沥青混凝土钢桥面铺装裂缝修复材料性能试验研究[J].公路,2013,58(12):36-39.

[32] 樊叶华,王敬民,陈雄飞,等.浇注式沥青混凝土钢桥面铺装养护对策分析[J].中外公路,2005,25(1):81-83.

[33] 黄卫,钱振东,张磊.钢桥面铺装局部修复方案试验研究[J].土木工程学报,2006(08):90-93.